뭔가 배 속에서
부글거리는 기분

윤아랑

소설

동시대문학 담론

뭔가 배 속에서
부글거리는 기분

■ 윤아랑의 글은 읽는 사람을 움찔하게 만든다.
영화와 서브컬처, 대중문화를 전방위로 다루는 그는
후진 없는 '어그로'로 우리가 질문하기를 멈춘 찝찝한
환부를 예리하게 건드린다. 등단 평론가이자 인플루언서로서
애매한 위상을 포기하지 않는 그는 듣기 좋은 대안을
제시하며 제도를 비판하는 자들의 욕망을 심문대에 올린다.
명백한 적을 설정하는 대신 읽는 사람이 자기 자신조차
의심 또 의심하게 만드는 생산적인 트러블. '빌어먹기 위해
독립적이어야' 하는 마이너리티의 일부인 나는 윤아랑의
집요한 불만과 동반할 수밖에 없다.
— 이연숙(평론가)

긍정한다는 건

하나의 구조물을 상상해 보자, 삶이라는 구조물을. 그리고 그 구조물의 지지대들을 떠올려 보자. 이는 삶을 이루는 요소일 것이다. 인종, 지식, 계급, 재산, 젠더 정체성, 정치적 지향, 성적 지향, 인정 욕구, 문화적 취향……. 그런데 어떤 지지대가 만약 '보편적' 기준과는 달리 질이 나쁘거나 지지대들이 서로 엉성하게 엮여 있어서 위태로워 보인다면, 그 구조물을 대체 어떻게 해야 할까? 그것은 '삶다운 삶'이 못 되니 쇄신되거나 사라져야만 할까? 아니면 이것 역시 엄연한 삶이니 그 자체로 유지시키고 존속시켜야 할까?

하지만 둘 중 어느 쪽에도 온전히 속하지 않는 방법이 있을 테다. 쇄신의 시도와 유지의 시도를 신중히 오가며 판단을 세우는 것 말이다. 무언가를 긍정한다는 건 바로 그런 일이다. 그래서 대개 긍정한다는 건 부정하는 것보다 훨씬 어려운 일이 된다. 부정하는 것이 무언가를 지우고 어디선가 빠져나오는 일이라면, 긍정하는 것은 무언가를 끊임없이 직시하는 일이기 때문이다. 당연하지만 지금 나는 철학의 위대한 '부정성'의 계보를 무시하려는 게 아니다.(혹은 바버라 에런라이크의 『긍정의 배신』이나 사라 아메드의 『행복의 약속』처럼, 상투적인 '긍정성'의 폭력을 폭로하는 연구들에 반대하려는 것도 아니다.) 오히려 그 계보에 기댄 채 말을 내뱉는 중이다. 스스로의 변호를 위해 『정신현상학』의 「서론」에서 드러나는 헤겔의 긍정을 인용하자면,

> 이러한 위력으로서의 정신은, 우리가 어떤 것에 대해 이것은 아무것도 아니라거나 혹은 잘못된 것이라고 말하며, 그것에 대해 마무리 짓고 나서 그것이 아닌 다른 어떤 것으로 옮겨 갈 때처럼, 부정적인 것을 외면하는 긍정적인 것이 아니다.

긍정한다는 건 긍정적인 것과 다르다. 더러운 것을 외면하고 예쁜 것들에만 주의를 돌리거나, 세

상의 모든 것을 그 자체로 수긍하고 낙관하는 일인 '긍정적인 것'에 헤겔은 고개를 젓는다. (슬라보예 지젝이 여기저기에서 끈질기게 말했듯) 그의 긍정은 차이, 어리석음, 우연성 같은 '부정적인 것'의 침투에 열려 있는 긍정이다. 나아가 부정성과 함께하지 않는다면 긍정이라 부를 수도 없는 것이다. 하지만 그렇다고 침투에 한없이 열려 있기만 한 건 아니어서, 이 긍정은 (『윤리적 폭력 비판』에서 주디스 버틀러가 말했듯) 그 모든 침투를 내재적으로 가로질러 그 의미와 가치에 대한 '통일적' 판단을 내릴 수 있는 주체를 상정한다. 주체의 성립 조건인 타자라는 구도의 필요 조건으로서 주체랄까?

이와 비슷하게 '중립'(롤랑 바르트), '판단 중지'(에드먼드 후설), '경계 사이에서의 진동' 같은 수사들은 수사가 지시하는 현상 그 자체로 윤리적인 게 아니다. 보편성의 규칙을 거부하는 것을 넘어 보편성에 대해 완전히 다른 판단, 완전히 다른 분류(법)를 요구할 때 이 수사들은 진정 윤리적으로 되는 것이다.(여기에서 '완전히'라는 말은 '새로움'과 일대일로 대응되지 않는다.) 헤겔의 긍정은 이 점에서 선구적인 윤리성을 갖는다. 평생 헤겔을 부정한 질 들뢰즈이지만, 그가 『니체의 철학』에서 긍정을 말할 때에는 이상야릇하게도 지금까지 논한 헤겔의 잔영이 아른거리는 듯하다.

문제는 부정인데, 하지만 긍정하는 권력으로서의 부정이다. 만일 우선 부정이 반동적 힘들과의 동맹을 파기하고, 소멸하고자 하는 인간 앞에서 긍정적인 권력으로 되지 않는다면, 또 나아가 만일 부정이 긍정하는 관점에서 모든 반동적 가치들을 파괴하기 위해서 그것들을 한데 모으고 총체화하지 않는다면, 긍정은 그 자체로 긍정되지 않을 것이다.

그렇다면 긍정하기는 '나'를 복수화하는 데에서 시작해야 한다. 대상에 대한 판단을 세우기 위해 '나'는 대상으로부터 멀어지면서 동시에 가까워져야 한다. 삶이라는 구조물을 제대로 대하기 위해서는 멀리서 그것이 속한 체계를 바라보며, 한편 가까이에서 그것의 구성 요소를 바라보아야 하는 것이다. 그런데 그 과정에서 일견 서로 모순된 것 같은 이질적인 면들조차 '구조물에 대한 것'으로 함께 경험하게 된다는 점에서 긍정한다는 건 대상을, 또 세계를 복수화해 대하는 일이기도 하다. 그렇다면 긍정의 진정한 대상은 대상 자체가 아니라 상이

한 힘들이 대상에서 맺는 관계일 테다.

고로 소수의 진정한 긍정은 일견 역설로 보이는 것을 요구하는 쪽으로 향한다. 문화(적 생산물)를 대할 때 이해와 오해 모두에 열려 있을 것. 어떤 언어나 몸짓이 한 구조의 부품이자 다른 구조가 새로 절합되도록 만드는 '기계'임을 명심할 것. 우리가 "생산의 현장에서 주체가 되는 것과 동일하게 소비의 현장에서 하나의 주체로 거듭나고"[1] 있음을 인정할 것. "젠더를 억압과 배제의 조건일 뿐 아니라 인간의 조건이자 그 자체의 즐거움을 가진 것"[2]으로 사유할 것. 성매매 산업의 폭력성을 지적하면서 성노동자들의 처우 개선을 위해 싸울 것.[3] 혹은 존 포드, 데즈카 오사무, 벨벳 언더그라운드는 나에게 그런 굳건한 긍정의 예술가들이다. 결국에, 긍정한다는 건 기꺼이 책임지는 일이다.

---

1 장동기, 「「자동으로 수확되는 주체」에 덧붙이는 전략적 주석」, 《콜리그》 2021년 8월 후원 리워드.

2 진송, 「젠더의 즐거움과 인간의 존엄」, 진송의 블로그(네이버 블로그, 2022년 2월 6일).

3 몰리 스미스·주노 맥, 이명훈 옮김, 『반란의 매춘부』(오월의봄, 2022).

여기에 모인 (2020년 1월부터 2022년 4월 사이에 발표된) 글들은 모두 각자의 방식으로 긍정을 수행하려 애쓴 흔적이다. 서로 전혀 다른 시간과 자리와 의도 속에서 쓰였지만, 동시대 문화에서 수많은 힘들이 맺는 관계를 새로이 긍정하려는 시도라는 점에서 공통점을 갖는다. 그 긍정은 물론 동시대 문화라는 범주에 대한 다른 판단, 다른 분류(법)를 모색하는 것이기에, 이 책은 동시대 문화에 관한 비평집인 동시에 문화의 동시대에 관한 비평집이라 할 수 있다. 아니, 정확히는 그런 책이 되길 바랐고, 바라고 있다.

1부는 '몇 발짝 물러나서' 비평장을 비롯한 한국 문화예술의 시스템에 대해 메타비평을 시도한다. 2부는 영화, 문학, 미술 작품들 안으로 '몇 발짝 들어가서' 클로즈 리딩(close reading)을 통해 거기에 엮인 상이한 힘들을 고찰한다. 3부는 예능 프로그램, 넷플릭스 오리지널 시리즈 그리고 웹툰을 텍스트 삼아 '주위를 떠돌다가' 이런 텍스트들을 포괄하는 문화의 양상을 직시하는 환경 분석(아즈마 히로키)을 시도한다. 각 부의 글들은 서로 미약하게 연계가 있기는 하지만 꼭 순서대로 책을 읽을 필요는 없다.

솔직히 말해, 극렬한 자기혐오가 없었다면 나는 이 책에 실린 어떤 글도 써내지 못했을 것이다. 나는 제대로 아는 게 아무것도 없는 사람이기에, 나에게서 벗어나고 싶어서 글을 계속 썼다. 그래서 이 책은 긍정을 수행하려 애쓴 흔적의 모음인 만큼 내가 스스로에게 제시한 문제들의 기록이기도 하다. 이런 사실을 생각하면 종종 울적해지기도 한다. 하지만 나는 이런 나를 긍정한다. 부정적인 정동이 나의 말과 삶을 지탱하고 또 유지시키고 있다는 걸, 자기혐오 없이 나는 없다는 걸 기꺼이 긍정한다. 나와 내 친구들 그리고 당신을 위해서라도, 나는 끝없이 긍정을 말하고 싶다.

본문에서도 지나가듯 거론하고 있지만 책의 제목은 문학평론가 조영일의 한 인터뷰에서 따온 것이다. 내가 조영일의 말 한마디를 마구잡이로 변형해 무기로 쓰고 있듯이, 여기에 있는 나의 긍정의 흔적들이 당신에게 무기로 쓰일 수 있다면 더없이 행복할 것이다. 결국에는 그것이야말로 비평가인 나에게 주어진 책무이기 때문에.

차례

1부

몇 발짝
물러나서

네임드 유저의 수기

신춘문예에 당선되어서 평론가로 막 데뷔한 사람
이 이런 말을 하면 우습고 어이가 없을 게다. 그래
도 말을 꺼내 보자면, 상을 주고받는 것으로 이른
바 문화(그것이 문학이든 미술이든 영화든)를 존속시
킨다는 건 이제는 얼토당토않은 이야기다. 공모전
이라는 제도[1]의 문턱을 넘은 이들에게 상과 작가라

---

1   이 글에서 나는 제도라는 개념을 구체적, 물질적으로 실재하
     는 문화 산업적 구조가 아니라, 특정한 능력을 물화된 자격으
     로 전환하는 문화적 힘을 지시하기 위해 사용한다. 이는 피에
     르 부르디외가 『자본의 형태(*The Forms of Capital*)』(1986)
     에서 문화적 양식의 격차로부터 발생하고 또 그 격차를 발생시
     키는 문화자본의 세 가지 현시 유형 중 하나로 "제도화된 상태
     (institutionalized state)"를 거론하는 데에서 따온 것으로, 글
     이 전개되면서 드러나겠지만 이 제도란 그 자체로 부정되고 기

는 이름표를 나눠 주고 여기저기에 소개해 작품을 생산할 수 있도록 원조하면서 시장을 활성화하는 방식, 이른바 문화가 돌아가고 존속하는 기존 방식은 크게 보면 거의 한계를 맞이했다. 그게 '새로운 미적 흐름'을 만든다는 딱딱한 착각이 부식되었다고 말해도 되겠지만, 하여튼 그렇다. 영화비평도 예외가 아니다. 아니, 걸핏하면 '속물', '허세', '기생충' 등 비난의 대상이 된다는 걸 떠올리면 영화비평의 경우야말로 대표적인 사례인 듯하다.

당신은 짜증을 내며 책을 덮거나 다음 글로 넘어가려 할지도 모른다. '또 비평이 몰락했느니 뭐니 하는 소리를 늘어놓으려고?'라고 생각하면서. 물론 그런 뻔하고 지루한 말을 마냥 반복할 생각은 없다. 다만 당신의 추측은 반은 (얼추) 맞고 반은 (많이) 틀린데, 한 개인이 상과 이름표를 분배받는다 한들 길거리에서 그의 의견을 나르는 스피커의 볼륨은 다른 이들의 것과 엇비슷할 것이기 때문이다. 여기에서 '다른 이들'이 누구인지는 당신도 바

각되어야 할 대상이라기보다는 쇄신되고 재발견되어야 할 대상이다. Pierre Bourdieu, "The Forms of Capital", Richardson, J., in *Handbook of Theory and Research for the Sociology of Education*(Greenwood, 1986).

로 눈치챘으리라. 블로거들과 영화 커뮤니티, SNS 유저들. 바꿔 말하자면 영화에 관해 온라인상에서 영향력을 발휘하는 '인플루언서'들의 대두. 즉 비평가의 권위의 몰락. 여기에 곧장 질문이 따라온다. '왜 이렇게 됐을까?'

욕망과 잠재의 정체

한예종 영상이론과 출신 필진들이 결성한 영상비평지 《마테리알》의 편집인 정경담은 이 질문으로 시작하는 글인 「00년대부터 지금까지」에서 그 과정에 대해 적당히 설명하려 한다. 그는 영화평론가라는 이름표의 권위가 무너지는 초기 과정(비평을 싣던 다수의 잡지 폐간, 영화 「디워」의 평가를 둘러싼 사태 이후 "스노비즘의 대명사"가 된 영화평론가)과 그것을 돌파하고자 했던 몇 가지 시도(오프라인 계간 잡지들과 무수한 웹진의 출몰) 그리고 영화에 관련된 인플루언서들과 그들이 적을 두는 플랫폼(팟캐스트, 유튜브, 왓챠)이 영화를 논하는 환경을 변화시키는 양상을 스케치한다. 그런데 이 글은 스스로 제기한 질문에는 제대로 대응하지 않는 듯하다.

그러나 이러한 현상 이면에 대중들이 영화에 대한 담론, 특히 비평 담론을 직접 생산하고자 하는 어떠한 욕망이 기거하고 있으며, 이 무의미해 보이는 한 줄평의 홍수 속에서 새롭고 진지한 비평으로 향할 잠재 스피커가 발생할 수 있고, 이미 일부에 존재하고 있다는 것을 잊어서는 안 된다. 《마테리알》은 신춘문예나 극소수의 평론 공모라는 게이트 키핑을 통해서만 직업 평론가로서의 상징자본을 쟁취할 수 있다는 문제에 저항하기 위해 시작되었다.[2]

글의 끄트머리에서 정경담은 "욕망"과 "잠재"의 구체적인 정체를 논하는 건 미루고 《마테리알》의 포부를 말하는 쪽으로 서둘러 빠진다. 왜 서두른 것인지는 명확히 알 수 없으나, 이 대목은 나를 거슬리게 한다. "비평 담론을 직접 생산하고자 하는 어떠한 욕망"은 어디에서 온 것이며, 또 "새롭고 진지한 비평으로 향할 잠재 스피커"는 어떻게 그 안에서 발생하는가? 그러니까 "무의미해 보이는 한줄평의 홍수"의 수원지인 왓챠는 무엇의 현상인

2   정경담, 「한국 영화 100주년 특집: 한국 영화 비평사 돌아보기」 '00년대부터 지금까지」, 《마테리알》 1호(2019년 9월).

가? 대답할 사람은 거슬리는 당사자다.

거칠게 비교하자면 블로그는 긴 글을 게재하기에 이후 등장한 플랫폼들보다 적합한 편이다. 반면 페이스북을 비롯한 SNS는 페이지 레이아웃의 단조로움으로 인한 낮은 가독성, 시청각 이미지의 한정적인 게재 등의 요소로 인해 단정적이고 압축적인 정보와 감상의 나열을 유도한다. 왓챠는 SNS 플랫폼의 이러한 특성을 좀 더 한정적으로 변이시킨다. 개별 영화와 (유저가 개별 영화들을 묶어 구성한) 컬렉션에만 가능한 별점 매기기나 100자 이내의 코멘트(지금은 무제한으로 바뀌었다지만 이를 만끽하려는 코멘트들은 거의 읽히지 않는다.) 같은 한정적인 기능은 유저가 자신의 의견을 최대한 단정적이고 압축적으로 표현하도록 유도하는데, 이것이 반복 수행되고 또 다른 유저의 '좋아요'나 댓글 등 SNS적 장치들과 엮이면서 왓챠 안에서 영화를 논하는 것은 '지적' 오락의 한 갈래로 빠진다. 그 자체가 목적이 된 별점 매기기, 숫자들이 늘어 갈수록 그에 비례해 증폭하는 자의식. 그러니까 "'영화 평론가의 일'을 사용자 스스로, 그것도 아주 단순한 드래그 앤 드롭 …… 한 번으로 모사할 수 있다는 점이 상당한 지적 만족감을 제공하고 있는 것이다."[3]

어긋난 반복의 관계

이렇게 단언할 수 있는 것은 내가 2017년까지 왓
챠에서 El Topo라는 닉네임으로 소위 네임드 유저
로 활동했기 때문이다. 당시 왓챠는 ('영화 자체'에
제대로 된 관심을 기울이지 않는 듯한) 주류 영화 평단
과 남성 위주의 영화 커뮤니티에 불만을 갖고 있거
나, 긴 글 쓰기를 주저하거나, 인정 욕구가 강한 나
같은 이들의 도피처로는 최적의 플랫폼이었고, 나
는 그러한 특성을 적극적으로 이용했다. 미적 자율
성에의 몰두를 논하는 동시에 설익은 정치적 기준
(가령 정치적 올바름)을 판단 요소로 과도하게 앞세
우는 모순된 사고를 바탕 삼아, 그럴듯한 한줄평을
남기거나 다른 유저들에게 댓글로 열심히 시비를
거는 등 신경질적이고 엘리트주의적인 태도로 "영
화 평론가의 일"을 "모사"하면서 적잖은 인기를 얻
었고, 그 속에서 나는 스스로가 덜 알려진 좋은 영
화를 소개하거나 영화에 대한 논쟁에 끼어드는 등
주류 평단이 (해야 하지만) 하지 못하는 것을 대신
하는 대안적 아마추어 비평 비슷한 걸 하고 있다는

3   앞의 글.

자아도취에 빠졌다.

하지만 그런 자의식이 최고조에 이르러 당시 내 기준에 '천박한' 영화들을 담은 컬렉션을 만들고 거기에 '이따위 영화들을 지지하는 이와는 어떤 대화도 불가능하리라.'[4]라는 소개 멘트를 쓰는 무지막지한 '어그로'를 끌었을 때 (당시에는 '아직' 유명 블로거였으나 지금은 '공식'인) 영화평론가 김병규를 비롯한 여러 유저들에게 속된 말로 두드려 맞으면서('영화는 폭력 묘사나 도덕적 선동을 아예 배제해야 하나? 그렇다면 아예 영화는 존재하면 안 된다고 주장하라.') 어거지로 반론을 이어 가던 나는 결국 컬렉션을 지우고 왓챠를 점점 멀리하게 되었고, 그러면서 팽창할 대로 팽창한 자의식 역시 자연스레 사그라들었다.

무엇이 문제였나? 지금 시점에서 돌이켜 보면 왓챠에서의 나의 활동이, 나아가 왓챠라는 플랫폼이 불만의 대상인 주류 평단, 커뮤니티를 실상 반

---

4   이는 프랑스의 비평가이자 영화감독인 자크 리베트(Jacques Rivette)가 저 유명한 평문 「천함에 대하여(De l'abjection)」에서 쓴 비난적 수사를 무맥락으로 따라 한 것이다. 이 글의 번역본은 영화평론가 세르주 다네의 인터뷰집 『영화가 보낸 그림엽서』(정락길 옮김, 이모션북스, 2013)의 '부록', 영역본을 중역한 블로그(https://jewhalewhile.tistory.com/5)에서 읽을 수 있다.

복하고 있었다는 게 문제였다. 달리 말해 보겠다. 제도로부터 비평가라는 이름표를 나눠 받았던 이들이 그 이름표에 걸맞게 "위기를 진단하기 위해 위기의 끝에서 첨병이 될 것을"[5] 기꺼이 자처했는가? 오히려 많은 비평가들은 다수의 왓챠 유저들과 별반 다르지 않게 이론('푸코에 따르면')과 감상('눈물을 참을 수 없는')과 윤리('원시적 열정')를 오남용하는 글을 양산해 왔으며, 그 대상 역시 아트하우스, 영화제용 영화 등 좁은 범위에만 한정하고 있다. 위기와는 상관없는 안전함. 그러니까 많은 이들이 외면하는 잔인한 사실은 제도의 수혜를 받은 다수의 비평가가 왓챠 유저보다 흥미로운 의견이나 전문적인 관점을 제시하지 못한다는 것이다. 정경담의 지적처럼 리뷰와 비평의 구분이 모호해졌다면, 둘을 먼저 분간하지 못한 것은 대중이 아닌 비평가들 자신이 아니었을까? '나도 할 수 있다'는 인플루언서들의 자의식 앞에는 아마 이런 말이 괄호로 들어가 있을 것이다. '저런 사람도 하는데.'

---

5   남웅, 「A/S: 시대착오적 지원 동기와 그 후기」,《미술세계》(2019년 8월호), 137쪽.

물론 문제가 글의 수준에 그쳤다면 이렇게 따지고 들 필요는 없을 것이다. 정성일 평론가는 "별점의 비평"을 비판하며 다수의 유저들에게는 스스로가 좇는 네임드 유저에 대한 존중이 없고 "자신의 주인을 바꿀 준비가 언제든지 되어 있다."[6]라고 쓰지만, 사실 이는 그를 좇는 시네필들에도 정확히 겹쳐지는 말이다. 《마테리알》의 창간 기념 토크에 초청 패널로 참여한 김태원은 진중한 시네필들에게서도 '주인'을 향한 속물적 추구를 발견할 수 있다고 지적한다. "가령 네이버 블로거 '클지션'은 네이버 블로거와 트위터 유저의 이런저런 '베스트 영화 리스트'를 모은 다음 제시하는 일을 즐겼는데, 실상 《필로》 필진이 당시에 언급한 영화에서 벗어나지 않는 리스트가 과반이다."[7] (이 우스꽝스러운 글에 대한 호오와는 별개로, 이 대목에서 내가 심히 찔렸다는 걸 분명히 해야겠다.)

자크 라캉은 『정신분석의 윤리』에서 인간 주체에게 고유한 잔혹과 분열의 원인으로 통제 기능을 제대로 수행하지 못하는 상징적 아버지를 지목

---

6   정성일, 「모두의 영화비평 시대」, 《GQ》(2017년 9월호).

7   김태원, 「정면교사」, 《마테리알》 '비평의 비평' 토크(2019년 11월 8일) 기록.

한 바 있다.[8] 여기에서 서로 대립하는 상징적 아버지와 인간 주체는 그저 후자가 전자를 시차 속에서 반복한 결과에 불과하다. 「백종원의 골목식당」, 「개는 훌륭하다」, 「요즘 육아 금쪽같은 내 새끼」 같은 '전문가 예능' TV 프로그램들이 다루고 또 해결하고자 하는 게 바로 이 문제다. 이 프로그램들의 주역인 백종원, 강형욱, 오은영은 질서가 부재함을 지적하고 이를 메타적으로 교정하는 상징적 아버지의 역할을 맡는 것이다. 나는 이 생각을 지금의 논지에 연결시킬 수 있다고 보는데, 다만 아버지와 인간 주체를 평단과 왓챠 유저에 일대일로 대응시켜 그대로 해석하려는 건 아니다.(통제 가능 여부를 생각할 때 그건 어리석은 짓이다.) 두 쌍은 모두 어긋난 반복의 관계라는 구도를 그리며, 그 반복 속에서 전자의 모순을 드러낸다는 것이 요점이다. 즉 자의식으로 점철된 왓챠 유저들은 자신의 앞에 있는 전반적인 한국 영화비평의 제도와 시네필 커뮤니티의 모순을 체현하고 들추는 비틀린 거울이라할 수 있다.

8   Jacques Lacan, trans. Dennis Porter, *The Ethics of Psycho-analysis*(Seminar Book VII, 1959~1960)(Norton, 1986).

인플루언서의 조건?

나는 모든 게 다수의 비평가들 탓이라 할 생각은 없다. 그렇다면 가짜 뉴스의 범람, 취향의 도덕화, 모든 문화적 생산물의 콘텐츠화 등 영화 바깥의 수많은 기성 제도들의 경계가 흐물흐물해지는 작금의 현상들, 내 식으로 말하자면 삶의 전 지구적 유연화라는 커다란 역학적 요인을 모른 체하고 동료들을 까 내리기만 하는 게으르고 비열한 내부자가 될 테니까. 애초에 '왜 우리는 대중과 멀어졌을까요?'라는 질문 자체가 가짜 문제다. 하지만 이렇게 말할 수는 있을 게다. 비평의 제도는 애초부터 한참 어긋나 있었고, 그게 유연화의 흐름 속에서 마침내 가시화된 거라고.

인플루언서들이 등장하면서 질서 정연한 제도에 금이 가기 시작했다는 인식은 틀렸다. 유튜브 같은 창구를 통해 인플루언서가 되기로 한 기존의 연예인들을 떠올려 보라. 유행 편승 같은 현상을 걷어 내고 중핵을 향할 때 우리는 기성의 공적 미디어의 문턱에 대한 불만('나는 방송을 하고 싶은데 할 수가 없다.' '내가 할 수 있는 걸 여기에서는 제대로 못한다.')을 표출하고 해소하려는 심리와 마주한다. 요컨대 변화하는 환경 속에서 제도가 통제력을 잃어 갈 때 인플루언서들이 등장한 것이다. 따라서 인플루언서를 무한한 자유의 장을 누비는 중간 소비자 혹은 단속해야 할 비전문가라 따지는 것은 모두 빗나간 진단이며, 그보다는 기존의 제도로 온전히 통제할 수 없는 영역이 나날이 늘어 감을 과시적으로 보여 주는 행위자들이라 보는 게 정확할 것이다.

이쯤에서 왓챠 유저였을 적의 내가 징후적인 존재였음을 인정할 수밖에 없다. (흔한 남성 지식인들이 그래 왔듯) 내가 역사의 흐름에 기여했다고 말하려는 게 아니다. '페미니즘 리부트' 이후 정치적 올바름을 절대적 기준으로 삼아 영화를 논하는 이들이 급격히 늘어난 상황을 고려하면, 영화 관람 문화의 한 측면에서 행위자 중 하나로 내가 잠시 무대에 올랐다고 말할 수는 있으리라. 당시 나의 모든 행위는 내가 대안적 아마추어 비평이라고 여긴 것과는 달리 영화를 논하는 환경의 유연화를 촉진하고 있었다.

잠깐, 앞의 연예인 비유를 거꾸로 뒤집어 보자. 가령 자신의 활동 영역에서 아주 유명해져서 그 명성이 기존 연예인들과 비교할 정도가 된 몇몇 인플루언서들은 종종 게스트, 패널 딱지를 단 채 TV 예능에 등장한다.(근 몇 년을 돌아보면 대도서관, 도티, 감스트, 고몽, 입짧은햇님, 펭수 등을 예로 들 수 있으리라.) 이들은 어째서 행동의 상대적 제약을 감수하면서까지 TV로 향할까? 도처에 즐비하게 늘어선 인플루언서들이 흥미로운 콘텐츠를 양산하는 가운데 기성 미디어 역시 원 오브 뎀(one of them)에 불과해졌다 한들, 그 안에 축적된 권력과 자본과 명성이 동시에 무너지는 건 아니기 때문이다. 물질적인 시차가 상황을 구부린다.

작가이면서 인플루언서이기

'누구든 할 수 있다'는 말은 콘텐츠의 생산과 유통이 고도로 대중화되는 흐름을 지시하지만, 그 안에는 목적어 자리에 들어갈 것이 여전히 특권적인 의미를 가진다는 의식이 숨어 있다. 마치 그 누구도 '누구든 숨을 쉴 수 있다'고 굳이 말하지 않는 것처럼.

인플루언서는 그저 인플루언서에 머물 생각이 없고, 또 남들이 그렇게 놔두지도 않는다. 자의로든 타의로든 웬만큼 궤도에 오른 인플루언서들은 대안적 권력으로, 보다 명확히 말해 기존 권력을 대신할 권력으로 나서게 되며, 이때 제도는 인플루언서들의 인기를 인정하고 정당화하는 최종심급의 역할을 그 안에 축적된 것들 덕분에 떠맡는다. 역설적이게도 기성 미디어는 자신의 근간을 위협하는 그 원인 덕분에 (상상적으로라도) 권위를 일부 회복하는 것이다. 이는 기존의 엘리트주의자나 지망생만으로는 더 이상 제대로 돌아가지 않는 제도에 새 톱니바퀴가 되어 제도를 부당하게 재특권화한다. 기성과 대안의 기괴한 꼬리 물기.

이 상황의 가장 가까운 사례는 바로 여기에 있다. 인플루언서에서 시작해 신춘문예라는 문턱을 넘어서 지금 이 글을 쓰는 나 말이다. '인플루언서는 그저 인플루언서에 머물 생각이 없다'는 말 역시도 경험에 기반을 둔 단언이다. 한번 제도의 영역 안으로 발을 내딛은 이후에는 제도만이 그 안으로 들어온 이를 불안정하게나마 포용해 주는 것이다. 그런데 왓챠를 그만두고 '공식'이 되었다고 해서 내가 더 이상 인플루언서가 아닌 것은 아니다. 그 이후에도 트위터와 브런치 같은 공식 지면 바깥에서 지속적으로 의견을 게재하고 퍼 나른다는 점에서 나는 여전히, 앞으로도 인플루언서인 것이다.

이는 비단 나에 한정된 경험은 아닐 텐데, 현

재 활동하는 다방면의 작가 중 SNS를 이용하지 않는 이는 거의 없기 때문이다. 작가이면서 인플루언서이기. 그 목적이 자기표현이든 자기 홍보이든 상관없이 작금의 작가란 이 역설을 피하기 어렵다. 아니, '듀나의 영화낙서판'이나 '비평고원'[9] 같은 1990~2000년대 인터넷 공간의 사례를 떠올리자면 그건 역설이 아니라 이미 조건이다. 할 수밖에 없는 조건. 여기에서도 기존의 제도로는 온전히 통제할 수 없는 영역이 나날이 늘어 가고 있음을 당신과 나는 본다.

---

9   http://cafe.daum.net/9876. 2000년에 포털 사이트 다음에 개설된 온라인 인문학 커뮤니티로, 다양한 직종의 회원들이 서평을 비롯해 다종다양한 글을 올리고 논쟁을 벌이면서 2000년대 초중반 한국 지식 시장에 지대한 영향을 행사했다. 다수의 비평가, 이론가, 번역가 등을 배출하기도 했는데, 대표적인 회원으로 조영일, 이현우, 복도훈, 이성민, 김남시 등이 있다.

자신을 자신하지 않으면서
자신하기

오늘 토크 주제는 '작가이면서 인플루언서이기'입니다. 아마 여러분 중 대다수가 아시겠지만 이건 제가 2020년 5월 《한편》 '인플루언서' 호에 실은 글 「네임드 유저의 수기」의 마지막 절 제목이자 마지막 문단의 중요한 문장입니다. 그렇지만 지금 이걸 보고 듣고 계신 분들 중 꼭 제 글을 읽은 분만 있으리란 법은 없죠. 또 제 글을 읽으셨다 해도, 같은 얘기를 다시 듣고 싶지는 않은 분들도 계실 거고요. 그렇기에 「네임드 유저의 수기」와 똑같은 주제를 조금은 다른 그릇 속에서 말해 보려 합니다.

오늘날 한국의 문화예술, 그게 영화가 되었든 문학이 되었든 미술이 되었든 간에 하여튼 그와 관련된 젊은 내부자들 사이에서 가장 힘을 얻는 담론

이 뭘까요? 제가 느끼기에 그건 제도 비판입니다. '1970년대에 유행한 제도 비판 미술이 한국에 재림했다'는 얘기는 당연히 아니고요. 오랫동안 관행으로 여겨 온 악습인 예술의 제도들을 깨부수자는 최근의 시도를 말합니다. 불공정 계약과 등단의 기준을 문제 삼는 행정의 차원부터 남근적 정동과 '예술성'이 공모한다는 미학의 차원까지를 함께 거론하고 가시화해 무너뜨리자는 시도들이 있습니다. 말하자면 세대교체(여기에서 세대라는 표현이 탐탁지 않을 분들이 있을 텐데, 저는 세대론이란 절대 사라질 수 없는 문제이고 오히려 '우리'가 역이용할 프레임이라고 봅니다.)를 추구하는 이러한 시도들은 자신의 소수성으로 말미암아 현 제도의 바깥을 자처하며 그에 걸맞은 절대적인 평등을 요구합니다.

그런데 저는 이 조류를 앞에 두고 자꾸만 의문을 갖게 됩니다. '어떻게 그렇게 자신을 자신할 수 있지?'라는 의문이요. 오늘 토크는 바로 이 의문을 구체적으로 풀어 가는 과정이 될 것입니다. 물론 저는 그런 조류가 그 자체로 틀렸다고 할 생각은 전혀 없습니다. 「네임드 유저의 수기」는 그런 과도한 독해를 유도하는 글이기는 했지만, 어디까지나 '지금 같은 방향으로는 안 된다'는 내부자적 스탠스를 바탕에 두고 있거든요. 가령 이건《한편》의 신새벽 편집자의 말인데, 나이 지긋한 남성 지식인들은 작금의 상황을 두고 '계급과 젠더가 대척점에 놓이게 되었다'거나 '계급이라는 거대 서사가 정체성이라는 소서사에 의해 역전되었다'고 진단한다고 하지만(아마 문학 비평에 관심을 갖고 계신 분이라면 어떤 이름들이 줄줄이 떠오르시겠죠?) 그건 헛소리입니다. 굳이 그들의 언어로 표현하자면, 원래부터 젠더는 거대 서사였는데 계급 투쟁이 너무 오랫동안 유일한 것으로 특권화되었고, 그에 젠더가 가려졌으나 이제는 폭발하게 되었다는 거죠. 이 생각에 저는 100퍼센트 동의합니다. 그치들이 허구한 날 반복하는 '제도라는 건 진작에 불통합적으로 어긋나 있었고, 그게 환경의 변화 속에서 마침내 가시화되었다'는 레토릭은 여기에도 해당하는 거죠. 그렇기에 모종의 액션을 취하는 사람들 옆에서 알짱거리면서 '~가 더 중요한데……' '~가 핵심인데……'라고 중얼거리는 흔한 좌파 남자들은 시속 100킬로미터로 달리는 차 안에서 봐도 무책임하고, 역겹고, 짜증 나는 방관자일 뿐인 거죠. 그런데 이 자리에서 논하려는 게 그건 아닙니다.

인플루언서가
될 수밖에 없어

최근의 제도 비판의 조류는 주로 인터넷상, 정확히는 트위터, 페이스북, 인스타그램 같은 SNS에서 사람들의 말이 나오고 또 공개적으로 퍼지고, 그게 공식적 담론장으로 흘러가 영향을 끼쳐 각각의 필드를 더 세분화하는 과정으로 구성됩니다. 작금의 세계에는 공동체성과 정치성이 많이 죽었다는 진단에 기대는 의견들은 종종 SNS를 비세계 혹은 탈주체성의 필드로 묘사하곤 하는데, 그렇다면 이렇게 SNS를 자신의 필드로 삼아서 떠드는 운동가나 예술가는 대체 뭘까요? 그들의 논리나 태도에 기존의 정치성이 꽤 결여되어 있다고 하면 아주 맞는 말이긴 하지만, 실은 그런 기존의 규정에 포섭되지 않고 또 그걸 초과하는 뭔가를 이들은 꾸준히 하고 있단 말이죠. 마치 19세기 말 세상에 나온 신문처럼요.

이런 조류에서 중요한 건 SNS와 공식적 담론장 둘 모두에 걸쳐 있는 내부자, 당사자입니다. 그것도 그냥 당사자가 아니라 어느 정도 양자 모두에 대한 오랜 경험이 있는 사람들이요. 자기 계정에 일상과 취향 얘기, 냉소적인 유머부터 자기가 속한 분야의 정보와 인상을 거의 무차별적으로 게재하고 그 안에서 타인과 교류하는 사람들.(그중에는 당연히 저도 포함되는데, 제 트위터를 아시는 분들이라면 부연이 필요하지 않다는 걸 아실 겁니다.) 그들이 있고 그들이 그 안에서 활동하기에, 작금의 제도 비판의 조류는 소비자 운동과 내부 자정 운동이라는 두 방향 모두를 제 안에 갖게 됩니다. 이들이 바로 '작가이면서 인플루언서'인 사람들이죠.

이들은 왜 이런 모습으로 나타날까요? 하나는 진정성의 문제인데요. 작가가 자신의 자아를 의탁할 수 있는 미적 자율성이라는 심급이 설 자리가 나날이 줄어 가니, 아예 과도하리만큼 세속적인 행위들을 SNS 게재 대상에 포함해 그 불투명함으로 자신의 자아를 '투명하게' 구성하려는 무의식적인 제스처인 거죠. 이는 현실 감각, 즉 '무엇이 현실로 인식되느냐'와 '현실이 어떻게 배태되느냐'의 문제이기도 합니다.(제가 근 몇 년간 천착한 주제이기도 한 만큼 나중에 길게 논할 자리가 있을 테니, 이 자리에선 딱 이 정도만 말하도록 하겠습니다.)

다른 하나는 방금 말한 것의 연장선에 있는 얘기인데, 발화의 장소가 무한정으로 늘어났다는 문제죠. 많이 뻔한 얘기이지만, 저널리즘 비평의 주요 장소인 잡지가 사라지고 있는 건 국내든 국외든, 어느 문화예술 분야든 간에 공통적인 현상입니다. 정확히 말하면 기존의 잡지들이죠. 장소가 줄어든다는 진단들은 이런 측면, 즉 기존의 잡지들을 비평의 장소와 동일시하는 관점에서 나오지만, 작금에는 사적 영역이 아니라 공적 영역이 사라지고 있다는 슬라보예 지젝의 말을 아주 많이 비틀어서 받아들인다면, 원래 사적 영역을 목적으로 개발된 인터넷 플랫폼들이 사라지고 있는 공적 영역을 어느 정도 대신하고 있다고 봐야 하는 거죠. 이러한 인터넷 플랫폼들은 기존의 지면들에 비해 상대적으로 가진 게 별로 없지만, 그래서 발표 기한, 저작권, 게재료, 글에서 다뤄지는 비판 대상 등 지켜야 할 약속에 관해 상대적으로 여유롭고 자유롭습니다. 물론 이것도 이미 오래전부터 시작된 일이고, 블로그나 카페가 처음에 그런 모델이었다면 요즘은 전염성이 훨씬 높은 SNS까지 확장됐다고 하는 게 맞겠지만요. 그래서 저처럼 프리랜서이거나 비등단과 독립을 주장하는 작가들이 인터넷 플랫폼을 적극적으로 이용하는 거죠. 새로운 필드의 창출이 인플루언서를 만듭니다.

새로운 필드가 형성될 때 사람들이 그곳에서 낮은 문턱, 다른 표현 등 기존의 필드에는 없는 가능성을 보고 이용하려 하면서 인플루언싱이 발생합니다. 그런데 그렇다고 해서 인터넷 플랫폼이 당장 이상적인 장소는 아니잖아요? 지켜야 할 약속으로부터 자유롭다는 건 그만큼 자본이나 인프라나 인정으로부터 떨어져 있다는 얘기니까요. 그리고 이런 대안적 장소에 기거하고 활동한다는 건 결국 기존의 장소에 대해 불신 내지는 불만족의 심리를 조금이라도 갖고 있다는 거고요. 여기에서 제도 비판의 조류가 '이미' 잠재적으로 시작되는 거죠.

죄악이 되는 순진함이란

여기까지는 전혀 불만을 가질 지점이 없어요. 자연스러운 흐름일 뿐이죠. 그런데 제가 불만을 갖는 건 작금의 제도 비판이 너무 순진한 요구를 할 때입니다.

최근 뜨거운 주제인 공모전을 통한 등단제 논의를 보면 제도의 불구성에 대한 이야기는 있지만 제도의 기능, 그러니까 왜 등단이란 형식이 요청되었느냐에 대한 이야기는 잘 보이지 않습니다. A에 대한 비판이 제대로 수행되기 위해서는 A 자신보다 A를 더 잘 알아야 한다는 건 기본 아닌가요. 그런데도 거기까지 가면 되게 불편한 사실을 직면해야 하기 때문인 듯한데요. 이렇게 한번 생각해 봅시다. 요즘 나오는 말들처럼 예술계도 노동과 자본이 돌아다니는 시장이에요. 이 일로 먹고사는 사람들이 있죠. 그런데 그 먹고사는 과정은 어떻게 이뤄지나요? 치열한 경쟁이 있습니다. 누가 더 인정받고, 더 성공하고, 더 높은 위상이나 지속 가능한 생활을 얻을 거냐를 두고요. 당사자는 거기에 조금의 관심도 없고 의도하지 않았다 하더라도, 자기표현의 수준을 넘어서 소비자·수용자라는 이들과 대면하고 관계를 맺는 한 경쟁을 할 수밖에 없습니다.

이 경쟁의 원인이 무엇인가요? 우리에게 돈과 정신과 시간은 지극히 한정되어 있습니다. 그해에 나온 모든 책과 영화와 노래와 전시를 살펴보고 싶고 한 개인이 어느 정도는 그에 성공한다 해도, 그 역시 신체의 한계를 지닌 인간인지라 그다음 해에는 그중 지극히 일부만 기억하고 10년 후에는 그중에서도 지극히 일부만 기억할 거란 말이에요. 그런데 전문가가 아닌 사람들은 무얼 선별해서 봐야 하느냐? 일반 대중만이 아니라 공식 전문가만 아니지 자기 취향에 아주 깊숙이 들어간 사람들도 검증되지 않은 걸 보는 건 여러모로 아까운 일이니까 웬만해서는 검증된 걸 보고 듣고 싶어한단 말이죠. 홍상수 영화라니까 보러 가게 되고, 김행숙 시집이라니까 사게 되고, 구동희나 엄유정 전시라니까 보러 가게 되고, 그게 아니더라도 믿을 만한 평론가 누구가 칭찬했다니까 보러 가게 되고요. 그런데 그 믿을 만한 평론가 누구는 어떻게 찾을 수 있을까요? 참 복잡하죠.

여기에서 등단이라는 제도적 형식은 이 포화 상태를 뚫고 소수의 작품들과 작가들에 상품다움을 부여하는 수단 중 하나로 개입합니다. '이 사람은 그냥 예술 한다고 나서는 아마추어가 아니라 그걸 제대로 하는 검증된 프로입니다.' 하고 세상에 공표하는 거죠. 돌이켜 보면 이것이 바로 사람들이 매체라고 부르는 장소들이 존재하게 된 이유이기도 합니다.

잠시 등단을 제외하고 현재 문화예술의 제도 안으로 들어갈 방도를 생각해 보죠. 출판사에 두툼한 작품을 직접 투고하는 방법이 있다면, 비평가의 경우에는 아카데미에서 활동하거나 번역 일을 하다가 현장 비평으로 오는 사람들이 있어요. 전자는 별다른 후광이 없어 작품의 판매가 잘 안 될 수 있다는 위험성이 있고, 후자는 그런 통로 자체가 지극히 한정되어 있으며 그나마도 대개 학연, 지연으로 얽혀 있는 어쩔 수 없는 폐쇄적 환경이죠. 등단은 이런 방도들의 위험성과 폐쇄성을 감축하는, 혹은 그런 감축의 환상을 작동시키는 장치였던 겁니다. 등단은 말하자면 하나의 자격증이었던 거예요. 그 현재적인 유효성과는 완전히 별개로 말이죠. 좀 잘난 체해서 마르크스주의 경제학 식으로 얘기하자면, 경쟁을 폭넓게 야기하는 동시에 경쟁의 불확정성을 줄이기 위한 자본의 흐름의 술책인 거죠. 더 간단하게 얘기하면 가치 판단의 문제이기 이전에 우리 시대를 대표하는 구호들인 아웃소싱과 가성비의 문제인 거고요. 이걸 먼저 인정하고서 등단제를 비판해야 합니다. 이때 중요한 건 등단제를 없앤다 해도 아주 근본적이고 근원적인 수준의 잔인한 게이트 키핑은 남는다는 점이에요. 당연하지만 저는 지금 비관적으로 얘기하는 게 아닙니다. 앞서 말한 '경쟁의 원인'을 곱씹어 주십시오.

신춘문예로 등단한 사람이 이런 말을 하면 참 웃기긴 하겠지만, 저도 현행 등단제 싫어해요. 끔찍하고 지저분한 이너 서클의 축제로 변모한 지 오래인 등단제는 변화해야만 합니다. 그저 좀비화된 시장이라도 유지하기 위해 잔존하는 등단제에 의문을 갖지 않는다면 이 판을 잘 모르는 사람이거나 아니면 역겨운 사람이거나 둘 중 하나겠죠. 그렇지만 많은 사람들이 등단제 폐지를 곧장 대안으로 얘기할 때 아무래도 남는 의구심은 이겁니다. 내부자들 사이에서 폐쇄적인 검증을 거치지 않고 대중과 곧장 마주하면서 명예를 얻는 작업이 정말 광범위하게 실현 가능한 건가. 그리고 그런 일을 (칸트적 의미에서 '이념'처럼) 완료 불가능한 방향성으로 삼더라도, 그게 독자들에게 작업을 소개하는 매체의 목적일 수 있는가.

등단 제도가 사라진다면 청탁 위주로 작품을 발표하는 작금의 관행도 싸그리 엎어져야 하겠죠. 그런데 흔한 상상처럼 모조리 투고제로 바뀐다면 매체에서 작업을 감별하기 위해 인력이 대체 얼마나 들어가야 할까요? 노태훈 평론가가 언급했듯 문학비평가들 중 한 계절에 나온 모든 소설과 시집을 살펴볼 수 있는 이는 정말 손가락으로 꼽을 정도밖에 안 됩니다. 문예지 편집위원으로 있다고 해도 말이죠. 영화, 미술, 음악 비평의 경우에는 곱절로 힘들고요. 거꾸로 말하자면 투고제를 제대로

운영할 수 있는 것도 독립보다는 제도권 내부 쪽일 겁니다. 물론 다들 이걸 본능적으로 아니까 '비등단 독립'을 외치는 플랫폼들이 이런저런 가장자리의 필자들과 접촉하는 것이겠지만, 그렇다고 해서 등단제와 본질이 같은 게이트 키핑을 거치지 않는다고 말할 수 있을까요? 특정 필자에게 접촉하는 과정부터가 내부적인 의논이라고는 해도 결국 약간 좁은 대상을 향해 보다 좁게 진행되는 게이트 키핑 아니던가요. 정말 의논을 하고 있는지 의문이 갈 정도로 형편없는 구성을 내놓는 곳이 절대다수이긴 하지만 그건 차치하도록 하죠.

그러고 보면 지금처럼 제도의 문턱을 대대적으로 비판할 수 있는 것도 앞서 말했듯 제도가 예전 같은 위세를 많이 잃어서잖아요? 미국 영화잡지 《시네아스트》에서 '인터넷과 영화평론가의 관계'라는 주제로 토론을 연 게 벌써 10여 년 전 일입니다. 영화연구자 리처드 포튼은 그 자리를 회상하며 이렇게 말했습니다. "당시 토론에 참가한 《타임》의 한 패널은 인터넷 평론에 대해 아주 적대적인 사람이었는데 역설적으로 그의 평론은 거의 인터넷으로 읽히고 있었다. 이 사실이 많은 것을 시사한다." 한국의 경우에는 문학평론가인 이명원, 조영일이

10년 전에 겪었던 수난과 지금 사이의 차이, 혹은 등단 이후에도 괜찮은 지면이 주어지지 않아 밥벌이를 위해 또 다른 공모전에 작품을 내는 수많은 작가들을 떠올릴 수 있을 테고요. 미적 자율성이라는 심급과 이른바 작가적인 나르시시스트 자의식은 지금은 거의 불가능하거나 조롱의 대상이 되기 십상이고, 웬만한 영화, 드라마, 웹 소설은 다 토렌트로 다운받거나 OTT 서비스로 찾아볼 수 있죠. 심지어 얼마 전엔 중앙일보 중앙신인문학상이 재정난을 이유로 중단되기도 했습니다. 진짜 재정난이 이유일까 하면 좀 더 생각해 봐야겠지만요. 또 영화제를 보면 지역 영화제든 독립 영화제든 프로그래머가 상이한 영화들을 상영작으로 선정함으로써 '당대의 영화'들을 통해 '영화의 당대'를 가늠하는 비평적 역할을 수행하고 그에 따라 대외적 명성을 획득하는 것도 불가능에 가까워져서, 대부분 전적인 사무직으로 치우치고 있음을 보게 됩니다.

이쯤에서 반복하건대 '새로운 필드의 창출이 인플루언서를 만듭니다.' 기존의 권력, 제도 바깥의 순수한 위치 점유는 불가능합니다. 새로운 필드에서의 활동은 의도하지 않아도 일종의 문화 자본을 창출하고 축적해 개인이 기존의 제도 안에서 갖는 위상을 바꿔 놓으니, 인터넷에 기반을 두고 진행되는 제도 비판은 아무리 해도 완전한 '제도 바깥'일 수 없는 거죠. 군이 말하자면 문화예술의 제도에 맞서는 건 작가이면서 인플루언서인 사람들이 아니라, 그러한 내부자들이 인플루언서로 나타날 수 있게 하는 또 다른 산업의 제도겠죠.

제 경우는 같은 해에 신춘문예를 비롯한 공모전 등단 루트로, 그것도 《씨네21》이나 부산의 영화평론지들을 제외하면 기존 지면이 거의 무너진 영화평론으로 공식 딱지를 얻은 작가들 중 적잖은 기회를 얻은 편인데, 이게 과연 제가 잘나서 그런가 하면 절대 아니란 말이죠. 저보다 어리고 글 잘 쓰고 똑똑한 분들은 한국 인터넷에 널려 있습니다. 그냥 온라인 플랫폼으로 지금까지 제 의견을 열심히 게재해서 빨리 눈에 띈 것이죠. '내부자들 사이에서 폐쇄적인 검증을 거치지 않고 대중과 곧장 마주하면서 명예를 얻는 작업'이란 아마 현재 시장의 체계 안에서는 이렇게만 가능할 겁니다. 등단제가 힘을 잃어 가는 지금 소셜 인플루언싱은 그 역할을 대신할 가능성을 갖는 거죠. 둘은 기실 거의 떨어져 있지 않아요. 여기에서 자본주의의 본성을 불안정성에서 찾은 지식인들이 궤적이 문득 떠오르네요.

제도 비판의 클리셰

등단과 행정 얘기를 넘어서 좀 더 넓게 얘기해 봅시다. 작가가 되는 제도적 방식을 얘기하는 사람들은 그저 '지망생은 많은데 그들이 투여될 영역은 적다'고만 말하지만요. 제일 중요한 두 가지 문제가 항상 빠져 있습니다.

하나, 관행-악습들이 전부 개선되고 사라지면, 그래서 원고료가 오르고 많은 사람들에게 지면이 가면 모든 문제가 해결될까요? 그런데 둘 모두를 함께 실현하기란 적어도 지금 같은 산업의 구조 속에서는 불가능해요. 자족 가능성이 바닥을 치는 많은 문예지는 문화체육관광부 산하 기관이나 지방 정부들에서 문화 진흥이라는 명목 아래 사업을 따 지원을 받고, 그걸로 겨우겨우 원고료를 충당합니다.(여기에서 문예지는 모종의 환유적인 표현이라고 생각해 주시길 바랍니다. 영화제, 예술영화관, 미술관이나 전시 공간, 무용 상연……) 그런데 원고료가 더 오르면 어떻게 될까요? 그걸 감당 못하는 가난한 문예지는 없어지고, 그러면 또 원고가 일부 인기 문예지와 작가에게 편중되는 현상을 피할 수 없을 겁니다. 당장 지금도 수많은 문예지와 출판사 중 어디까지가 성공의 문턱인지 나눠고, 그에 따른 독자 및 투고의 편중도 심한데 말이죠.

사실을 말하자면 문화에 대한 관심이 '하여튼' 높은 이 나라에 너무 많은 지망생들, 너무 많은 출판사들, 너무 많은 문예지들이 있지만, 자원도 소비자들의 관심도 한정되어 있습니다. 그래서 당대의 문예지답게 운영되는 문예지가 적죠. 지면이 적다는 흔한 불평은 바로 이렇게 이해되어야 합니다. 지금 같은 경제 체제 속에서 낮은 원고료를 해결하라고 문화예술계에만 요구한다면, 누군가의 삶이 나아지는 동시에, 혹은 나아졌기에 양극화도 극심해지는 결과를 초래할 거예요.(여기에 '최저임금을 못 주는 사장들은 애초에 다 망했어야 해.' 같은 말을 내뱉는 스스로가 진보인 줄 아는 징그러운 냉소적 리버럴리스트들이 겹쳐집니다.) 만약 등단제와 그로 인한 청탁을 다 금지하고 투고제만 하면 작가들 개개인의 생활은 훨씬 어려워지겠죠. 그럼 문학을, 나아가 예술을 업으로 삼는 사람들 99퍼센트 정도는 없어질 테고요. 사실 저는 그러든 말든 상관없고, 오히려 양극화 없이 저런 결과가 초래된다면 아주 이상적인 상황이라고 환영할 쪽이지만, 이걸로 먹고 사는 분들이 있으니까요.

그리고 다른 하나. 아까 경쟁 얘기도 했습니다만, 세상에 쓰레기 같은 작품들이 정말 많잖아요. 누구 말마따나 비평가가 멸시의 대상이 된다는 말들이 사실 좀 우스운 게, 우리 모두가 다 제대로 첨예하고 좋은 작업을 이어 나갔느냐부터 생각해야 하지 않을까요? 제도가 보수되면 작품들의 질도 올라가나요? 제도의 체계가 평등하게 개선되는 것과 작품들의 질이 올라가는 것이 과연 비례할까요? 정말 그렇게 믿는다면 고개를 돌려서 네이버 검색창에 뜨는 블로그를 세 페이지만 찾아봐도 좋을 겁니다. 사람들이 조롱하듯 이른바 등단 스타일의 작품이 있긴 합니다. 그런데 그게 투고제로 한다고 해서 완전히 사라지지는 않을 거예요. 작품의 주제와 형식에 다양성이 부여되겠지만, 지망생들은 언제나 그랬듯 그럴듯한 경로를 탐색할 테고, 그런 다양한 각각의 플랫폼 입맛에 맞는 글들이 더 늘어나겠죠. 예술성이라는 심급이 사후적으로 구성되고 작품에 전적인 내부란 없다는, 오혜진 평론가가 한국 소설의 맥락 안에서 증명한 사실은 이 맥락에도 적용 가능할 겁니다. '다양성=윤리=질'은 그 자체로 성립되기에는 무리인 도식이에요. '글을 쓰면 누구나 작가'라는 말은 듣기에는 좋지만 100퍼센트

진실은 아니죠. 그리고 비평의 입장에서 그런 말을 할 때 아주 추잡스러워지고요. 게이트 키핑은 남는다는 건 바로 이 얘기입니다. 그리고 그걸 아니까 사람들도 어떻게든 제도 비판을 계속하려는 게 아니던가요.

앞서 한 얘기를 다시 마르크스 식으로 바꿔서 정리하자면, 물신화는 하여튼 필연적이에요. 의식적으로는 크레디트와 진입과 고착을 기피하더라도 권력과 자원이 생길 수밖에 없다는 겁니다. 누구든 피할 수 없고, 그저 경계하기만 할 뿐인 상황이죠. 마르셀 뒤샹 이후부터 지금까지의 미술, '창조성'을 해체하고 잠깐의 담론적 제스처로 스스로를 위치 짓는 현대 미술의 역사는 한편으로 자본의 타율성에 의해 자꾸만 '창조적'이고 '영원한' 것으로 호명되고 그에 의지하는 딜레마에 노출된 역사이기도 합니다. 문학평론가 프랑코 모레티의 그 유명한 '문학의 도살장'도 굉장히 자주 오독되는데요. 그는 이 개념을 공고히 한 동명의 논문 말미에 "필연적인 것은 가계도다."라고 확실하게 못을 박습니다. 그러니까 모레티의 주장은 정전에 등재된 0.5퍼센트의 작품들로 이루어지는 문학사를 99.5퍼센트의 작품들로 전복시키자는, 포스트모더니즘의 질 나쁜 판본의 연장선이 아니라는 거죠. 모레티가 말하는 건 크게 두 가지입니다. 특정 분야의 정전만으로 역사를 구성하는 건 불가능하다는 것, 그리고 역사는 요소들 사이의 경쟁으로 형성된다는 것. 즉 도살장은 역겹고 피비린내 나는 장소이자 구원의 장소이기도 하며, 하여튼 어떤 방식으로든 이어진다는 것. 작품의 가치 판단을 꽤 배제하고 그것들을 산산조각 난 기호·데이터의 더미로 다루는 비평술을 추구한, 사실 과하게 허무맹랑하고 모험적인 그의 시도는 이런 맥락에서 이해해야 하는 거죠.

잠시 우회했지만 지금까지 저는 젊은 내부자들의 시도가 왜 좌절될 수밖에 없을 터인가에 대해 논했습니다. 우리 세대는 자신이 적대시하는 세대의 전제를 자기도 모르는 새 적잖이 반복하고 있다. 우리는 여전히, 여하튼 제도의 톱니바퀴. 이런 카를 슈미트적 문제 설정은 「네임드 유저의 수기」에서 궁극적으로 의도한 이야기이기도 합니다. 그리고 같은 맥락에서, 젊은 내부자들의 시도가 그저 기존의 제도가 가졌던 힘을 더 많이 분배받는 데 그치지 않을까 걱정하게 되는 거죠. 제도를 비판하지만 그게 결국 공정한 기회, 기회의 나눔에 대한 요구로 귀결된다? 그러면 안 됩니다. 저는 제도의 필연성과 이에 내장된 폭력을 직시하지 않을 생각이라면 차라리 말을 얹지 않는 게 낫다고까지 생각해요. 그건 오히려 평등이라는 판타지를 작동시켜 필연적인 폭력을 숨기고 악마화하는 꼴이니까요. 요컨대 패러다임을 바꾸는 게 아니라 패러다임의 항을 수정하려는 데에서 그치게 된달까요. 이 경우 제도 비판은 클리셰가 되어 독립의 영역의 세일즈를 위한 것에 그치고 맙니다. 조금 거칠게 이야기하면, 독립적이기 위해 빌어먹는 게 아니라 빌어먹기 위해 독립적이어야 하는 것. 이것이 지금 여기에서 독립의 영역을 구축하려는 이들이 처한 중요한 문제예요.

어떤 유명한 장르소설·웹소설 연구자는 제도 문학이 자신들의 폐쇄적인 언어와 규율로 인해 실제 현실의 삶을 지시하는 역할을 방기해 버렸고, 이제 그 역할을 그 바깥의 장르소설·웹소설들이 대신하고 있다고 당당하게 말하고 다닙니다. 말도 안 되는 거죠. 애초에 예술의 사회적 쓸모라는 담론 자체가 최소한 좁은 의미에서의 예술 안에서는 필요 없다고 보는 제 입장에서, 저런 말은 그냥 '제도 문학'이 기존에 가졌던 권위를 찬탈하고 싶다는 의지에 알리바이를 대는 것일 뿐입니다. 제 비평적 동지 중 한 분이 이런 말을 하셨어요. "서브컬처를 제물로 제도에 입장하려는 모든 시도에 혐오감을 느낀다. 서브컬처를 가져옴으로써 제도 내의 비평 체계가 얼마나 빈수한지 드러내는 시도를 적극 지지한다." 그야말로 가슴에 품을 명언이죠. 그리고 이 점에서 세대교체를 주장하는 대다수에게 물어보고 싶은 겁니다. 어떻게 그렇게 자신을 자신할 수 있죠? 자신은 다르다고, 또 다를 거라고 어떻게 그렇게 확신할 수 있냐고요.

'모두가 그럴 이유가 있지.'라는 상대주의 관점을 온전히 내재화하자고 할 생각은 전혀 없습니다. 다만 이런 거죠. 정말 당신네들이 말하는 것처럼 객관적 비판을 하고 싶다면 당신네들이 적대시하는 이들이 왜 그런 사고를 하고 행동을 하게 되었는지 더 잘 이해해 봐라. 예술 장르나 산업의 분과화를 비판하려면 정말 제대로 된 비판, 그러니까 왜 역사에서 그런 흐름이 이어졌는지를 먼저 생각해야지, 그 단계를 그냥 건너뛰고서 분과화를 비판하면 그냥 비난 정도에 머무는 겁니다. 물론 그런 작가나 비평가들이 마냥 순진하진 않을 겁니다. 그래서 여성 필자들을 모아 기획을 진행하는 등의 방식으로 대안적 제도를 만드는 거겠죠. 제도를 보수하는 게 목적이라고 직접적으로 말하는 분들도 있고요. 하지만 이런 분들의 절대다수도 궁극적으로 평등한 제도가 마련될 수 있으리라고 믿는다는 점이 저는 다소 불만족스럽습니다. 이렇게 잘못 돌아가는 세상을 우리는 바꿀 수 있다는 레토릭은 사실 좌파든 우파든, 파시스트든 공산주의자든, 386이든 밀레니얼 세대든 모두가 쉬이 이용할 수 있는 전형적이고 대개 무책임한 얘기란 말이에요. 다시, 물신화는 필연적입니다. 이건 무의식에 대한 이야기라기보다는 투쟁 방식에 내재하는 한계 또는 실패에 가깝습니다.

그럼에도 제도 비판이 가치를 갖는다면

그런데 아직 해결되지 않은 질문, 아마도 여러분이 이 토크를 보고 들으면서 가슴에 품으셨을 질문이 하나 있습니다. '그렇다면 최근의 제도 비판과 그러면서 나오는 독립 매체들엔 순기능이 전혀 없나?' 이 지점에서는 바로 며칠 전에 민음사에서 새 소설 『더 셜리 클럽』을 발간한 박서련 소설가가 대안 문학 플랫폼 《던전》의 운영진, 그들의 표현을 따르자면 '던전지기'로서 마찬가지로 대안 문학플랫폼인 《SRS》에 쓴 에세이 「심한 말」에서 다음의 대목이 큰 울림을 줍니다. 좀 길게 인용을 하겠습니다.

어쨌거나 등단도 했고 장편문학상도 탔고 장편문학상 수상 이후 1년에 한 권 이상 책을 내고 있는 사람이 '나는 늘 장외자라는 기분'이라 말하는 것도, 등단에 대한 신앙이 해체되었다 말하는 것도 기만처럼 들릴 것이다. 어떻게 말해도 기만이 된다. …… 그런데 나는 장편문학상을 탄 이후 오히려 역시 나의 신앙이 잘못되어 있었다는 생각에 확신을 갖게 되었다. …… 나는 상을 타고 나서 비로소 나의 실력과 내 문학의 방향 대신 제도에 물음을 던질 수 있게 되었다. 상을 받기 전에 내가 그렇게 말했다면 문예창작과를 나오지 않은 작가의 열등감 발사로밖에 들리지 않았을 것이다. 제도를 통해 제도에 대해 발화할 용기를 얻는다는 것은 모순적인 말이지만, 그렇다. 때때로 상을 받기 전에도 그렇게 할 수 있어야 했다는 자책을 느낀다. 이미 일어난 일들을 무를 수는 없고 사실은 무르고 싶은 속성의 일도 전혀 아니다. 다만 내가 이전에 갖지 못했던 용기를 여기에서부터는 어떤 식으로 펼쳐 갈 수 있을 것인가를 고민하게 된다. 내게는 독립문예지면을 꾸려 가는 이들이 그런 용기를 지닌 사람들로 보인다. 누군가의 인정을 구한 다음 드러내는 것이 아니라, 나타난 다음 자, 어쩔래? 인정하지 않을 수 없을걸, 하고 묻는 것처럼 보인다. 나 같은 사람이 이 흐름에 보탤 수 있는 힘도 분명히 있을 것.

제가 이런 조류들을 보면서 느끼는 감정을 정확하게 풀어 주었는데요. 여기에서 중요한 건 "자, 어쩔래? 인정하지 않을 수 없을걸, 하고 묻는" 사람들, 즉 비등단 독립 작가들인 거죠.

앞서 잠깐 짚었지만, 우리는 특정한 등단 루트를 밟지 않고서 비평가나 작가 타이틀을 획득한 이들을 조금이나마 봐 왔습니다. 그리고 우리는 그들의 자격을 논할 게 아니라, 그들의 위치 속에 숨어 있는, 등단제를 해체할 수 있는 잠재성을 논할 필요가 있습니다.(기실 제도의 문제는 그것이 권력이 펼쳐지는 체계를 완벽하게 구축해 놓아서가 아니라, 오히려 정반대로 그 체계에 구멍이 난잡하게 뚫린 걸 거의 파악하지 못해서 생깁니다.) 그래서 그들의 위상이 필드의 일원으로 옮겨 가는 과정을 지켜본 다음 그 길을, 혹은 외양은 달라도 비슷한 길을 재능 있는 다른 사람들 역시 걸어갈 수 있도록 이야기를 이어가는 거죠. 제도 자체의 완전한 붕괴가 아니라 제도가 제도이게 하는 힘을 뜯어내는 겁니다. 문단 입구의 경계가 낮게 흐트러질수록 제도의 권위는 해체됩니다. 그런 순간에는 등단제가 있어도 큰 상관이 없게 되죠. 시장의 사악한 힘을 우리가 통제할 수 있는 수준으로 순화할 방안이 여기 있는 거예요. 본질적으로는 아무것도 바뀌지 않았지만, 즉 본질로서의 시장은 있지만, 단지 그 잠재성을 미약하게나마 실질적인 가능성으로 치환했다는 점에서 제도 비판은 모든 규칙을 바꿀 수 있는 방안을 제시하고 있는 거죠. 다만 그게 제대로 직시되고 있지는 않은 거고요.

작금의 제도 비판이 정말 무엇을 하는지 혹은 하려고 하는지를 형식의 층위에서 제대로 파악해야 합니다. '그거 기껏해야 다시 제도로 수렴되는 꼬라지 아니냐?'라고 비꼬는 사람들도 있지만, 이런 '메타적 접근'이 꽤 비열해지는 순간들이 있다고 보는 저로서는 그 한 걸음을 그렇게 힐난할 필요는 없다고 생각해요. 지금의 독립들은, 적어도 제가 보기에는 미래를 순진하게 믿기는 해도 그 미래를 향해 꾸준히 나아갈 만큼 현재를 낙관하고 있지는 않거든요. 기존 제도의 접근에 응하는 걸 비난하는 것도 말이 안 된다고 생각해요. 누구 좋으라고? 그냥 '바깥'으로서의 존속을 자처하며, 하지만 작은 자본가도 되지 못하는 상황에서 열악함을 유지하기 위해? 제도의 병폐를 해결하기 위한 논의의 단초조차 마련되지 않았는데 그 하나만 보고 작가를 비난하는 건 어불성설이죠.

사실 이건 저를 변호하기 위한 말이기도 한데요. 제가 등단제의 맹점을 이용해서 지금 이 자리에 왔기 때문이죠. 2020년 올해까지 《부산일보》 신춘문예는 저명한 영화평론가 허문영이 평론 부문 심사 위원을 맡고 있고, 그래서인지는 확신할 수 없지만 하여튼 몇 년째 그분의 전문 분야인 영화비평이 당선되었습니다. 2019년에 처음으로 공모전에 글을 내기 시작한 저에게 《부산일보》 신춘문예는 기회로 보였던 거죠. 아마 저를 포함한 다른 지망생들 역시 마찬가지였을 겁니다. 그리고 《동아일보》 신춘문예의 영화평론 부문을 담당하는 김시무 평론가보다 허문영 평론가가 「(이전) 같지 않으리: 데이비드 린치론」 같은 복잡한 글을 더 포용해서 읽어 주리라는 계산도 깔려 있었고요. 적어도 이런 면에서 저는 기회주의자입니다. 제가 이 뒷이야기를 꺼내는 건, 우리 자신을 순수하고 투명하고 독창적인 타자로 포지셔닝 하기를 이제 멈추자고 주장하기 위해서입니다.

몇 달 전에 저녁 시간에도 사람이 없던 광화문 미스터피자에서 한 지인과 피자를 씹으며 수다를 떨다가 국내 출간된 만화 이론·비평 관련 독서 목록을 부탁받았는데요. 한참 이런저런 일로 바쁘다 최근에야 숨통이 트여 얼마 전에 간략한 스케치를 해 봤는데, 그나마 읽을 만한 단행본 대부분이 한참 전에 절판된 상태라 첫발을 내디딘 동시에 좌절해 버린 일이 있어요. '박인하나 김낙호 책은 그렇게 깊이 읽지는 마세요.'라고 말하고 싶어도, 그 책들도 절판이긴 마찬가지라 이러지도 저러지도 못하는 상황인 거죠. 1990년대 말에서 2000년대 초를 돌이켜 보면 국내의 만화 이론·비평 서적은 '가능한' 독자의 수에 비하면 양에서든 시도의 다양성에서든 꽤 많이 나온 편입니다. 문제는 그런 시도가 좌절되고 역사적으로 망각되는 일이 계속 반복된 것, 그리고 그 반복이 반복이라는 사실에 대해 작가와 독자 모두 자각이 없다는 거죠. 가령 순정만화를 '구원'하려는 만화비평이 과거에는 없었다고 말하는 사람들이 자주 눈에 띄곤 하지만 실은 전혀 그렇지 않거든요. 이건 (지금은 전부 절판된) 만화규장 각지식총서로 출간된 『한국 만화비평의 선구자들』 같은 수준의 책에서도 확인할 수 있는 바로, 1990년대 말부터 그런 시도는 쭉 계속 있었어요. 적확한 시도였는지에 대한 가치 판단 측면에서는 일본의 선구적인 작업들의 그림자 안에서만 노는 그닥 불만족스러운 결과물들이었지만, 하여튼 그런 시도는 계속 있었다는 겁니다. 그리고 또 계속, 지긋지긋할 정도로 반복해서 망각된 거고요.

　이 반복의 서클에 균열을 만들어야 합니다. 오늘날 《지금, 만화》라는 잡지의 내용물을 보면 한국에서 만화비평을 하겠다고 나서는 많은 사람들이 그 정도로 똑똑하거나 첨예하지는 않은 것 같고, 설사 아주 똑똑한 사람이 나서서 빼어나게 정리를 한다 해도 지금까지의 역사의 흐름과 삶의 전 지구적 유연화라는 작금의 흐름을 보면 불가능할 게 뻔하겠죠. 그렇다면 어떻게 균열을 낼 수 있을까요? 우리가 완전히 다르거나 새롭지 않다는 걸 인정할 때에야 비로소 가능하다고, 최소한 작은 희망이 생기리라고 저는 생각합니다. 강보원 평론가가 「아주 조금 있는 문학」에서 쓴 표현을 빌리자면, 새로움이라는 수사 자체가 항상 제도적이었어요. 제도 친화적이었죠. 그걸 인정하고 그 반복을 직시하는 것이야말로 우리가 진정으로 이전과 다를 수 있는 방안일 겁니다.

자신을 구조의 바깥으로, 예외로 규정하는 이를 언제나 의심하고 또 의심합시다. 당연하지만 저도 거듭 의심해 보시라는 얘기입니다.

뭔가 배 속에서
부글거리는 기분

오늘 강연 주제는 '영화로 글쓰기'입니다. 아마 이 주제를 보면, 지금 한국에서 영화 평론에 관심을 가진 많은 분들은 저 말을 '영화로 글쓰기가 어려워지는 까닭'으로 섣불리 치환하면서 크게 두 가지 주제를 떠올리실 것 같아요. 하나는 이른바 포스트 시네마라고 하는, 우리가 알던 영화의 위상이 대체되고 해체되는 상황이고, 다른 하나는 최근 문학과 미술 비평에서 활발히 일어나고 있는 제도 비판의 제스처를 어떻게 영화비평 안으로 끌어들일 수 있을까, 그래서 어떻게 비평을 둘러싼 행정 체계의 변화를 꾀할 수 있을까 하는 정책의 문제죠.

　여기 있는 분들 모두 이 두 주제에 대해 잠깐이라도 접해 보았으리라 생각하는데요. 아니라면 어쩔 수 없지만요. 그런데 저는 이런 이슈들에 대해서 당분간은 말을 얹고 싶지 않고, 특히 이 자리에서라면 더더욱 그런 이슈를 거론하는 게 불필요하다고 느낍니다. 그러면 뭐에 대해서 말할 거냐. 문자 그대로 '영화로 글쓰기'에 대해 말해 보려고합니다. 그러니까 비평이라는 전문성의 영역이 아니라 세속적인 글쓰기에 결부된 문제에 대해서요.

영화에 대한
글을 쓰기 시작한 이유

얼마 전에 어떤 분의 학위논문을 위해서 인터뷰를했습니다. 질문 중 제일 기억에 남는 게 "영화에 대한 글을 쓰기 시작한 이유가 무엇인가?"였어요. 이질문은 글을 쓰게 된 계기를 물어보는 것도, 언제부터 쓰기 시작했느냐고 물어보는 것도 아닙니다. 저런 것들은 제가 획득한 평론가라는 직함에 근거를 둔 질문이죠. 반면 이분이 제기한 질문은, 어찌보면 저에게 다가온 운명(예를 들면 '나는 왜 하필 대한민국에서 누구누구의 자식으로 태어났으며……' 같은유의 운명이요.)에 대한 지극히 추상적이면서 형이상학적이기까지 한 질문이죠.

저는 이 질문에 당황해서, 그때는 영화학자 노엘 버치의 명언인 "일어날 일은 일어난다.(It could have been otherwise.)" 정도로 답변했는데요, 이 자리를 준비하면서 좀 더 생각을 해 봤습니다. 그리고 그때 이 말을 떠올리고 내뱉어서 아주 다행이었다는 결론에 이르렀죠.

무언가에 대해 글을 쓰고 싶어지는 욕구는 그 무언가를 접한 후 시작되는 배 속에서 부글부글 끓는 기분을 언어로 해명하려는 욕구일 것입니다. 이미 다 알고 있는 상태로 쓰기 시작하는 게 아니라요. 아니, 사실 어떤 글쓰기도 처음부터 다 알고 있는 상태에서 시작할 수는 없죠. 아무리 모든 정보를 파악하고 있다고 한들 문장이 배열될 순서와 위치까지도 처음부터 다 생각할 수 있을까요? 하여튼 제가 이런 '나'이고 어떤 감흥이 제 배 속에서 부글부글 끓는 한 저는 글을 썼으리라는 겁니다.(참고로 이 표현의 원조는 조영일 평론가입니다.) 그런데 이 감흥을 해명하는 건 종종 난감한 일이 됩니다.

여러분도 이런 경우가 몇 번 있었으리라 생각하는데요. 한 번 보고 너무 맘에 든 영화가 하나 있다고 해 봅시다. 남들을 협박하고 매수해서라도 보게 하고 싶을 정도의 영화요. 가령 오즈 야스지로의 영화라고 해 보죠. 그래서 사람들이 그의 영화에 조금이라도 더 관심을 가지도록 영화에 대한 글을 써 보기로 맘을 먹었습니다. 그런데 이 영화를 좋아하는 이유를 설명하기 위해 열심히 짱구를 굴리고, 공부도 하고, 몇 번 다시 보는데, 오히려 그러면 그럴수록 내가 이 영화에 매혹되었던 첫 이유와 근거에서 멀어지는 말들만 나오는 겁니다. 처음에는 '오즈의 모던하면서도 정겨운 스타일이 좋아요.'라고 말하고 다녔는데 공부하면 할수록 오즈는 그런 진부한 수사에 들어맞는 사람이 전혀 아니듯이요. 그러면서 내가 처음에 가진 감흥도 점차 변하는데, 그럼에도 나는 여전히 오즈를 좋아하고요. 이건 언어나 지식에서 개인이 갖는 표현의 한계와도 질적으로 다른 사태입니다. 왜냐하면 대상만 고정되어 있고 그것과 관계를 맺는 방식은 전부 바뀌는 거니까요. 테세우스의 배의 역설을 떠올리게 하는 이런 변화는, 말하자면 사랑에 가까운 태도라할 수 있습니다. 나에게 감흥을 준 대상에 다가가기 위해 모든 걸 기꺼이 무릅쓰려는 태도로서의 사랑 말입니다. 하지만 앞서 말했듯 이런 태도를 제대로 취하는 건 난감한 일이기도 한데, 다름 아니라 우리를 둘러싼 사회가 감흥을 이런저런 방식으로 규제하거나 외면하려 하기 때문입니다.

감각적인 글쓰기?

요즘 영화 애기를 할 때 지양되는 것 중 하나가 감각적인 글쓰기 습관입니다. '죽인다', '오줌을 지릴 것 같은', '스크린과 섹스하는 경험' 따위의 표현들이요. 저도 당연히 이런 표현들에 질색하고, 아주 지양하는 편이기는 합니다만, 왜 이런 표현들을 오랫동안 사람들이 써 왔느냐에 대해서는 고민할 필요가 있다고 봐요. 그러니까 이런 표현들이 섹스에 굶주린 징그러운 이성애자 남성 시네필들에서 시작되었으며 주로 사용되는 건 맞고, 짜증 나는 것도 맞는데, 이런 표현들의 근원이 그저 그것뿐이냐 하면 아니라는 거죠.

이성애자 남성이라는 특권적 조건하에서 가능했던 표현을 거부하기 전에 먼저 고민해야 하는 건 그 표현이 어째서 나왔고, 왜 그걸 극복해야 하며, 우리가 그 표현의 전제로부터 얼마나 떨어질 수 있느냐 하는 것입니다. 데이비드 린치의 영화를 극장에서 볼 때 안젤로 바달라멘티의 신디사이저가 울려 퍼지면 극장과 우리의 몸이 함께 떨리는 걸 느끼게 됩니다. 혹은 한참 어두운 프레임이 지속되다가 갑자기 환한 프레임으로 전환될 때 절로 눈을 찡그리게 되고요. 이런 경우들에서 알 수 있는 바는 무엇일까요? 영화를 보고 들을 때 영화를 구성하고 또 영화를 둘러싼 요소들에 의해 우리의 몸이 실제로 자극받는다는 사실입니다.

이처럼 육체 감각을 직접적으로 건드리는 경우만 있는 건 아닙니다. 10분 내내 얼굴 클로즈업만 줄창 나오는 장면을 한번 상상해 보죠. 그런 장면에서 우리는 절로 갑갑하고 답답해지는 느낌을 받지 않던가요. 촉감적 경험으로서 영화를 논하는 것은 이미지의 질감과 표면에 관심을 갖고 애무처럼 이미지 위를 움직이는 '촉각적 시각성'과 관련이 있다고 로라 마크는 말합니다.[1] 또 이를 인용하며 제니퍼 바커는 후각이나 미각처럼 간접적으로 구현되는 감각이 생생히 전달되는 듯한 착각을 불러일으켜서 육체 감각을 들뜨게 하는 공감각적 양식으로 영화를 논하고요.[2] 즉 우리가 보는 장면은,

1 Laura U. Marks, The Skin of the Film: Intercultural Cinema, Embodiment, and the Senses(Durham and London : Duke University Press, 2000), p.183.

2 Jennifer M. Barker, The tactile eye : touch and the cinematic

시각에 내재하는 공감각성과 그것에 연결된 정동을 건드림으로써 나머지 몸을 자극하는 겁니다. 이런 현상학적 영화이론과는 약간 다른 맥락이긴 하지만, 드디어 국내에 번역 출간된 장루이 셰페르의 『영화를 보러 다니는 평범한 남자』에서 '영화가 우리의 유년기를 바라본다'라거나 '균형의 결여' 같은 표현이 지시하는 바 역시 이런 논지와 공명한다고 할 수 있습니다. 영화 그리고 영화를 둘러싼 요소들에 의해 자극받을 기억, 감정, 몸을 미리 가진 관객인 '나'를 논한다는 점에서 말이죠. 거꾸로 말하자면 관객으로서의 '나'가 전제되지 않은 영화란 성립할 수 없습니다. 너무나 당연해 보이는 말이기는 하지만 보다 섬세하게 받아들여 주시길 바랍니다.

생각해 보면 베르톨트 브레히트의 '소격 효과'라는 개념 혹은 방법론은 세간에서 정말 끔찍한 방식으로 쓰이고 있는데요. 브레히트는 관객이 디제시스(diegesis, 작품 내부에서 펼쳐지는 허구적 세계)에서 필시 튕겨 나가야 한다는 게 아니라, 디제시스를 포함한 픽션이 개시될 때 관객을 행위자로 반드시 포괄하는 어떤 특수하고 미묘한 장이 생성됨

experience (University of California Press, 2009), p.35.

을 깨달아야 한다고 생각한 겁니다. 이제는 상투구가 되어 버린 니체의 말을 빌려 오자면 내가 작품을 볼 때 실은 작품도 나를 본다는 거죠. 감각적인 글쓰기 습관은 무엇보다 스스로가 그 장 속에 놓여 있음을 드러내는, 무의식적이며 다소 성급하지만 진솔한 수단이라 할 수 있어요. 그 자체로 문제는 아닌 거죠.

　'개념 미술을 보면서 우는 사람도 있나?' 하고 생각하는 분도 있을 텐데, 로버트 모리스처럼 고도로 미니멀하거나 가브리엘 오로즈코처럼 고도로 범용한 고맥락의 작업물을 보는 경우에도 우리는 그 고맥락의 실마리를 잡았을 때 '아!', '음⋯⋯' 같은 감탄사를 무의식적으로 내뱉곤 하지 않던가요. 이것이 감각적인 반응이 아니라고 할 수 있을까요? 이때 몸은 픽션의 필드의 양상을 즉각적으로 감지하고 표출하는 지진계와 같습니다. 이쯤에서 감각적인 글쓰기에 대한 흔한 비판들을 다시 생각하게 됩니다. 이런 유의 비판은 당대를 가로지르는 보편적 요구, 마크 피셔가 '훈육'이라 부른 지배 이데올로기의 요구와 일맥상통하는 것 같기도 합니다. 더 건강해져라, 더 이성적으로 굴어라, 작품이나 취향과 당신을 분리시켜라. 하지만 지금까지 설명했듯 영화 경험은 그런 훈육 속에서는 온전히 성립할 수 없을 겁니다. 우리는 천박함을 여전히 다루고 거기서 출발할 필요가 있어요. 마치 영화가 그러하듯 말이죠.

천박한 것인 영화

네, 애초에 영화는 천박한 '것'입니다. 그렇지 않나요? 지금까지 얘기한 감각적인 글쓰기 습관의 원인도 그렇고요.

영화가 모든 사물과 관점과 사건을 무차별적으로 이미지화한다고 할 때 그 근원에는 표상의 질서를 재정립한다는 어떤 윤리적인 임무 이전에 모든 걸 볼거리로 만들고 싶어하는 게걸스러운 욕망이 있을 겁니다. 상상성과 현실성 양자를 부단히 오가는 볼거리 말이죠. 또한 벤야민이 그의 지나치게 유명해져 버린 논문에서 말했듯 근대 이전 예술작품들의 배경적 논리가 된 항구적이고 "영원한 가치"[3]는 촬영본의 복제와 편집 가능성, 관람과 어법

---

3   발터 벤야민, 최성만 옮김, 「기술복제시대의 예술작품」(제2판), 『기술복제시대의 예술작품/사진의 작은 역사 외』(길, 2007), 61쪽.

의 산만함이라는 영화의 특성으로 인해 그 일원적인 유효성을 잃어 왔습니다. 이런 천박함은 그 자체로 이미 기존의 예술에 대한 반항과 같아서, 영화는 재즈 이후의 대중음악, 사진, 만화와 함께 지난 20세기의 가장 천박한 예술, 그렇기에 근사하고 중요한 예술로 활약했던 거죠.

로버트 위쇼, 자크 리베트, 마니 파버, 하스미 시게히코, 짐 호버먼 등의 위대한 영화평론가들이 싸구려 영화관에 걸리는 통속적인 감정과 폭력과 섹스가 난무하는 싸구려 영화들에서 따로 또 같이 '통속적 모더니즘'을 발견하고 옹호하던 과거가 있었음을 이쯤에서 상기해 봅시다. 지금 여기에 모인 우리가 매달리는 대상은 천박합니다. 그리고 아마도 우리는 그 천박함으로 인해 그 대상에 이끌린 걸 테고요. 그래서 저는 영화를 교양과 활동의 수단으로만 여기는 이들을 볼 때마다 얼굴을 찌푸리게 돼요. '여기에는 이성적 판단이 없고 감정적 호소만 있다.' 같은 말을 생각해 봅시다. 어떤 맥락에서 꺼낸 말인지는 알겠지만, 앞서 보았듯 우리가 보는 대다수의 영화는 관객의 주관적 인식을 건드리는 데에서 제 기능을 시작한단 말이죠. 이런 식으로 영화의 천박함을 누그러뜨리거나 주변화하는 건 결국 영화 자체에 대해서는 눈감는 태도가 될 수밖에 없는 것 같습니다. 게다가 우리가 영화에 매달리는 일도, 아예 영화 자체도 그렇게 쓸모 있는 게 아니고요.

여전히 한국의 많은 이들은 우리가 예술작품을 보며 느낀 감흥을 어떻게든 쓸모 안으로 끌고 가려고 합니다.(이 자리에서는 쓸모를 '사회적인 실용성'을 이르는 말로 쓰겠습니다.) 지식인들이라고 해서 예외는 아니고, 오히려 그런 생각에 남들보다 더 단단히 얽매여 있죠. 지난 2010년대에 인문학계 안에서 소소하게 불었던 자크 랑시에르 붐이 그러했고 또 시민에 대한 문학의 책무 등을 중얼거리는 요즈음의 문학 비평이 그러합니다. 하지만 여기에 속하는 이들 중 자기계발서나 경제학 서적 혹은 인터넷 커뮤니티인 여성시대 '따위'를 실제로 들춰 본 이가 얼마나 되는지는 알 수 없어요. 여기에서 사회는 아주 추상적인 형태를 띨 뿐이죠. 그리고 무엇보다 쓸모를 따지는 것 자체가 가짜 문제고요.

예술의 쓸모란 예술의 비판적 능력과는 좀 다른 맥락의 얘기입니다. 예를 들어 세르게이 에이젠슈타인이라는 이름을 들으면 사람들은 대개 소비에트의 사상의 체현을 위해 몽타주를 이용한 감독

쯤으로 생각하곤 하는데, 방금 거론했던 철학자 랑시에르는 이 통념을 뒤집어서 에이젠슈타인이 영화의 발전을 위해 사상을 이용했다고까지 말해요.[4] 너무 나간 생각처럼 들릴 수도 있겠습니다만, 여튼 랑시에르의 생각에서 배울 수 있는 건 어떤 뛰어난 작품이 스스로가 배치된 의도와 영토를 배반하는 비판적인 능력을 발휘하기도 한다는 것입니다. 그런데 그런 능력이 곧장 쓸모로 이어지는 건 아니죠. 세상을 이전과는 다른 식으로 보게 된 이가 곧바로 세상을 바꿀 수 있는 건 아니듯이요.

영화 글쓰기 역시 쓸모 있는 일이 아닙니다. 몇 년 전에 어떤 평론가가 '영화 글쓰기는 영화 문화에서 핵심적인 것 중 하나이며 사라져서는 안 된다'는 식으로 이야기했는데, 저는 이런 태도야말로 사라져야 하는 거라고 봅니다. 어떤 매체를 지켜야 한다는 식으로 말하는 건 그 매체의 존재 자체를 고유화, 특권화하는 방향으로 흐르곤 하죠. 그 흐름이 썩은 호수를 만들지 않기란 아주 어렵습니다. 쓸모의 차원에서라면 글쓰기는 필수적인 게 아

4   자크 랑시에르, 유재홍 옮김, 「에이젠슈테인의 광기」, 『영화 우화』(인간사랑, 2012), 54~55쪽.

니에요. 비평 내지는 비평적 감각 자체가 세상에 필요하지 않다는 게 아닙니다. 다만 좁게는 영화 제작, 넓게는 사회의 차원에서 보면 글쓰기 없이도 하여튼 이 둘은 굴러갈 거란 거죠. 비평과 작품이 서로 공을 주고받는 척이라도 하던 액션을 오늘날 어느 영역에서든 찾기 어려워지지 않나요? 어떤 글이 어쩌다 쓸모를 가질 수도 있고, 그러면 좋겠습니다만, 그건 어디까지나 개별 글에 해당하지 글쓰기 자체에 해당하지 않아요. 영화 혹은 글쓰기가 어떤 비판적 능력을 갖는 사유의 체계일 수 있다는 것과 그게 어떤 쓸모를 가진다는 것은 엄연히 별개 문제입니다. 예술이 강력한 쓸모를 가지는 시기가 예전에는 있었다는 주장을 떠올려 보죠. 수십 년은 물론 수백 년간 줄기차게 이어져 온, 오늘날 예술은 죽었으니 덧없고 미약한 것들과 살아야 한다는 식의 냉소적 낭만 말이에요. 얼핏 듣기에 그럴싸한 주장이지만, 사실 그 쓸모가 예술작품에 고유한 게 아니라 당시 사회의 요구와 작품이 영합한 결과임을 호도하는 판단일 뿐입니다.

볼프강 울리히에 따르면 "스스로 내용을 만들어내거나 독자적으로 영향력을 발휘"한 조형예술의 사례는 인류사에 아주 드물며, 보편적으로는

"이미 존재하는 세계상, 가치, 질서들을 재현할 때에"나 영향력이 있었답니다.[5] 이와 비슷하게 질 들뢰즈는 "민중연극, 만인을 위한 연극, 연극인과 대중과의 커뮤니케이션에 대해 말할 때, 어쩔 수 없이 어떠한 '충돌의 재현'으로" 향해 버린다고, 즉 이미 자명하게 여겨지는 논리를 되풀이한다고 말하고요.[6] 작품의 복된 모습으로 여겨지는 강력한 쓸모는 예술의 층위가 아니라 정치의 층위에서 발생했던 것이죠. 그렇다면 이쯤에서 오늘날 예술과 글쓰기의 쓸모가 진정으로 흘러 다니는 곳이 어딘지 금방 깨달을 수 있을 겁니다. 바로 어떤 재단이나 부처의 지원을 받기 위해 작가들이 작성하는 신청서, 지원의 제공이 합리적이었음을 입증하기 위해 쓰이는 행정 문서, 이 두 가지를 검토하는 심사위원들의 펜이죠. 오해를 피하고자 서둘러 말씀드리건대 이런 사업 내지는 산업을 마냥 비난하려고 이렇게 말을 꺼낸 건 아닙니다. 적어도 이 자리에서는요. 당장 제가 여기에서 말을 하고 있는 것도 어

---

5   볼프강 울리히, 조이한·김정근 옮김, 『예술이란 무엇인가』(휴머니스트, 2013), 344쪽.

6   질 들뢰즈, 허희정 옮김, 「마이너 선언」, 『중첩』(동문선, 2005), 124쪽.

떻게 보면 산업이 있는 덕택이죠. 다만 쓸모를 가져야 하는 것으로 영화나 영화 글쓰기를 생각하려는 건 착각이고 고집에 불과하다는 얘기입니다.

쓸모없음을 두려워 말자

그렇다면 제가 하려는 말이 뭘까요. 영화도, 영화 글쓰기도 쓸모가 없으니 자신을 그만 갈아 넣어라? 당연히 아닙니다.(물론 영화를 마냥 숭배하는 짓들은 그만해야겠지만요.) 쓸모가 없음에도 우리가 영화와 글쓰기에 매달릴 필요가 있다면, 주변부이며 유희의 일종으로 출발한 이 일이 나에게 참을 수 없는 어떤 감흥을 주기 때문인 거죠. 처음에 말한 배 속에서 부글거리는 기분, 또 그걸 풀어놓을 수단을요. 물론 이렇게 말하면 '탈정치적 인식에 매몰된 포스트모더니스트가 헛소리한다'는 비난이 곧장 따라올 텐데, 그래도 저는 이게 진실이라고 보거든요?

여기 있는 우리에게 결국 내 삶을 바쳐 가면서 영화를 보고 영화로 글을 쓰는 일은 '세상을 이런 식으로 인식하고 대할 수도 있구나!' 하는 흥미가 부글부글 끓는 기분이 되면서 시작하고 끝나는 거라고 생각해요. 세상의 다른 '인문학적' 행동들도

마찬가지일 테고요. 다만 이 기분이 나의 만족에서 멈추지 않고 '세상에 대한 적확한 인식'을 부단히 의식한다는 중요한 차이는 있죠. 외재화된 만족점이라고 할까요. 그렇다면 이때의 기분은 나의 것이면서 동시에 세상의 것이고 또 그런 사실이 인지되고 있는 것이기도 합니다. 세카이계(セカイ系) 같은 과장된 자아 얘기를 하는 게 아닙니다. 세상의 존속과 운동 그리고 나와 세상이 맺는 관계가 이미 기분의 층위에서 이루어지고 있다는 얘기인 거죠.

이런 생각과 비슷하게 오혜진 평론가는 문화에서 각자의 취향이 맞부닥치는 취향투쟁이 바로 공통감각의 운동이 일어나는 영역이라고 말합니다. 문학과 비평이 언어화된 표현으로서 한국 사회의 공통감각의 일부이자 동시에 그것을 (재)구축하는 역할을 수행할 때, 그런 이중적 과정을 이루는 기본적인 기제가 바로 문학과 비평의 근간으로서의 취향이라는 겁니다. 이때의 취향은 지식, 사상, 감식안 등등을 총동원해야 하는 진지이기도 하죠.[7] 이는 분명 문학과 정치의 관계를 오늘날에 걸맞게 재

---

7   오혜진, 「퇴행의 시대와 'K문학/비평'의 종말: 2015년 문학권력 논쟁 및 문학장의 뉴웨이브를 중심으로」, 『지극히 문학적인 취향』(오월의봄, 2019), 99~100쪽.

발견하려는 탁월한 프레임입니다. 하지만 문학이 개개인을 무언가로 호명하고 구성하기 위한 통치성의 '장치' 중 하나였다는 민경환 평론가의 말[8]을 염두에 두니, 이런 프레임은 자칫 잘못하면 보편적 공통감각의 점령이라는 또 다른 제국적 논리에 포섭될 우려가 있는 것 같습니다. 이렇게 첨언해 보면 어떨까요? 작품들이 벌이는 투쟁은 자기에 내재된 취향을 보편에 등재하는 게 아니라, 보편을 불순하게 만들고 그 체계의 재조정을 요구하는 데에 목적을 뒤야 한다고 말이죠. 이것이 쓸모와 얼마나 떨어져 있는지는 여러분도 잘 아실 겁니다.

오늘 저는 영화와 영화 글쓰기가 천박하고 쓸모없다고 말했습니다. 좋게 보면 호기롭고, 나쁘게 보면 치기 어리게 말이죠. 하나 지금껏 부연했듯 이런 말들에는 희망이 담겨 있습니다. 페드로 코스타나 홍상수나 장뤽 고다르 등 우리 시대에 가장 첨예한 영화 작가들이 하려는 건 쓸모의 쟁취가 아니라 오히려 근현대적 정치가 구축한 체계로부터 영화를 떨어트려 놓는 게 아니던가요. 고다르가 근작 『이미지의 책(Le livre d'image)』에서 자신의 고

---

8   민경환, 「풍경을 다시 크롭하기 2」, 《문장 웹진》 2020년 8월호.

향과도 같던 시네마테크들을 불태워야 한다고 말하는 건 바로 이런 맥락인 겁니다. 시네마테크가 그저 교양을 위한 진부한 박물관에서 멈추는 걸 보며, 심지어 시네마테크의 관계자들조차 그걸 지향하는 걸 보며 고다르가 내뱉는 분노인 거죠.

우리가 해야 하는 건 현재의 문화를 지키고 포장하는 게 아니라 문화를 더 재밌게, 제대로 즐길 수 있는 방안을 고민하는 거예요. 그러려면 일단 스스로의 행동을 필요 이상으로 정당화하려는 걸 그만둬야죠. 그 대신 자신이 발을 담그고 있는 똥통, 세상이라는 똥통을 직시하고 긍정해야 합니다. 아서 단토를 따라, 우리는 우리가 매달리는 것들의 천박함과 쓸모없음을 두려워할 필요가 없어요. 이 생각을 긍정한다면 우리는 좀 더 솔직하게 문화를 대할 수 있을 겁니다.

2부

몇 발짝
들어가서

(이전) 같지 않으리
―데이비드 린치론

지난 2000년에 장뤽 고다르는 (당시 카이에 뒤 시네마의 편집장이었던) 샤를 테송과의 대담 끝자락에서 다음과 같이 말했다. "로베르토 로셀리니의 「이탈리아 여행(Journey to Italy)을 보면서 자동차에 앉아 있는 한 커플만으로도 두 시간짜리 영화를 만들 수 있다는 사실을 알았다. 그렇게 하지는 않았지만, 나는 늘 이 사실을 하나의 교훈으로 삼고 있다."[1]

1 　사실 그는 본 대담 이전에도 이런 수사를 종종 써 온 것으로 보인다. 가령 고다르의 '전통적인' 지지자 중 하나인 하스미 시게히코는 「액션영화 베스트 50」(1996)에서 「네 멋대로 해라」에 대해 짤막하게 논하면서 "남자와 여자와 자동차만 있으면 영화를 찍을 수 있다는 걸 「이탈리아 여행」을 보고 당시의 젊은이들은 알게 된다."라고 썼다. 하지만 본문에서는 확실히 고다르에게서 나온 말을 인용하고자 했다.

여기에서 '교훈'을 자동차의 질료성을 다루는 데 있어 영화 작가들에 관한 가르침으로 이해해, 로베르토 로셀리니 이후의 자동차의 계보를 한 번 간략하게 그려 보자. 다만 이때의 자동차란 과속과 충돌의 운동을 야기해 화면을 감각적 포화 상태로 이끄는 영화적 물체라기보다는, 영화로 하여금 좌표와 좌표 사이의 틈새, 우리가 길이라고 부르곤 하는 이 비장소를 횡단하고 떠돌고 심지어는 표류하는 와중에도 가까스로 스스로를 성립할 수 있도록 하는 작은 영화적 (비)장소라 해야 한다. 한 가지 (이제는 적잖이 진부한) 인용, 철학자 질 들뢰즈가 2차 세계대전 이후 (그가 시간-이미지라 이름 붙인) 현대 영화를 "세계 내의 어떤 용인할 수 없는 것에 충격을 받은, 그리고 사유 안에 존재하는 어떤 사유할 수 없는 것에 직면하게 된 견자(見者)"의 영화라 정의했을 때 그가 그 분기점이자 사례로 떠올린 것은 틀림없이 「이탈리아 여행」의 주인공인 조이스 부부가 자동차를 타고 가면서 창 바깥의 세계에 우글거리는 다른 리듬, 다른 이미지들을 망연히 또 끊임없이 맞닥뜨리는 광경이었을 테다. 그러지 않고서야 어째서 로셀리니에 대한 논의로 『시네마 2: 시간-이미지』를 시작했겠는가. 또 어째서 사건과 공간들을 잇는 연결선의 붕괴와 (적극적 행동이 아닌) 산책이나 여행을 통한 진행을 영화가 맞이한 위기의 징후로 꼽았겠는가? 그런 의미에서 로베르토 로셀리니 이후의 자동차의 계보를 이으려는 영화 작가들이란 '와중'을 영화의 영토로 삼으면서 (정확히는 그럴 수밖에 없음을 수긍하며) 그로 인한 횡단과 떠돎과 표류를 영화의 자리의 탐색을 위한 조건으로 받아들여 현실에서의 간이적 (비)장소인 자동차를 끌어들인 이들이다.

물론 감독들마다 각자 다른 방식, 즉 자동차의 다른 속성을 갖고 다루며 탐색을 시작한다. 이 '교훈'을 가장 먼저 자각한 「네 멋대로 해라(À bout de Souffle)」의 고다르는 자동차의 벡터에서 파국의 징후를 엿본다. 이는 문명의 운명에 대한 로셀리니의 근심을 자기식으로 확장·번안한 장치다. 「10」의 압바스 키아로스타미에게 자동차란 세계(의 이미지)를 향해 열려 있는 밀실에 다름 아니며, 「홀리 모터스(Holy Motors)」의 레오스 카락스에게는 운동/변신의 역량을 갖고 있는 자동 기계의 모터. 그런가 하면 「아니오, 혹은 지배의 헛된 영광('Non', ou A Vã Glória de Mandar)」의 마노엘 드 올리베이라나 「시간의 흐름 속으로(Im Lauf der Zeit)」의 빔 벤

더스라면 과거를 향한 타임머신으로, 「완벽한 세상(A Perfect World)」의 클린트 이스트우드라면 헤인즈(케빈 코스트너 분)의 말처럼 "미래를 향한 타임머신"으로 자동차를 다루어 인물들을 태우거나 내리게 해 지나쳤던 곳으로 되돌아가길 꾀할 터이며, 「자유의 이차선(Two-Lane Blacktop)」의 몬티 헬먼이라면 침묵과 방황을 자처하는 표류선으로, 「절규(叫)」의 구로사와 기요시라면 (스크린 프로세스를 이용해) 구체적인 벡터를 잃은 부유령으로 자동차를 찍을 것이다. 또한 자동차는 「지상의 밤(Night on Earth)」의 짐 자무쉬에게는 현실성을 일그러뜨리는 우발적인 마주침의 장으로, 「충돌(Crash)」의 데이비드 크로넨버그에게는 똘똘 뭉친 페티시의 반자동 기계로, 「담보(Collateral)」의 마이클 만에게는 정신과의 카우치로 등장한다. 한편 자동차와 카메라(의 시선)를 동조화한 「역사수업(Geschichtsunterricht)」의 스트로브·위예 부부와 「남쪽(Sud)」의 샹탈 아케르만은 이를 통해 제도화된 시선과 풍경에 저항하는 반–시선을 모색한다.

그리고 자주 간과되곤 하지만, 데이비드 린치 역시 로셀리니 이후의 자동차의 계보를 잇는 감독으로 여기에 언급될 만하다. (여기에 5분 58초 동안 그저 차창 밖을 하염없이 바라보는 「I'm Waiting Here」 뮤직비디오를 빼놓을 수 없다.) 그런데 다른 이들과 나란히 놓고 비교하자니 린치의 자동차는 조금 다른 사정에 처해 있는 것 같은데, 왜냐하면 그의 자동차는 밀실도, 표류선도, 타임머신도, 부유령도 아니기 때문이다. 자동차 안에서 혹은 자동차가 눈에 띄는 극적 사건을 벌이는 경우도 많지 않으며, 자동차 외부의 풍경으로 눈을 돌리거나 그 외부를 자동차 내부와 동등한 위상의 미장센으로 구축하지도 않는다. 요컨대 데이비드 린치는 자동차의 물적 속성을 영화화하는 데에 큰 관심이 없다. 아마도 그것이 사람들로 하여금 그의 자동차에 크게 주목할 필요를 느끼지 않게 했으리라. 다만 그는 자동차가 그리는 동선에 관심이 있는데, 그 동선이란 기괴하게도 종종 장소라 부르기 힘들 정도로 황폐한 공간에 도착하거나(「블루 벨벳(Blue Velvet)」의 '국경 밖'의 공터, 「로스트 하이웨이(Lost Highway)」의 사막(〔그림 1〕), 「트윈 픽스: 귀환(Twin Peaks: The Return)」 8화, 11화, 18화의 숲과 사막) 사고를 당하거나(「광란의 사랑(Wild at Heart)」의 반복되는 사고 현장, 「스트레이트 스토리(The Straight Story)」의 폭파된 트랙터, 「멀홀랜드 드라이브(Mulholland Drive)」의 충

〔그림 1〕

돌 사고, 「트윈 픽스: 귀환」 11화의 사고들) 출발했던
곳으로 커다란 원형을 그리며 돌아가(지만 도착하
지는 못하)곤 한다.(「로스트 하이웨이」의 프레드의 집,
「멀홀랜드 드라이브」의 도로 한복판, 「트윈 픽스: 귀환」
18화에서 파머 일가의 집) 도착이라는 말을 애초에
알지 못하는 것만 같은 좌초의 동선들. 한번 이 동
선의 조건을 따져 보자.

　많은 이들은 종종 데이비드 린치의 서사적 구
조를 뫼비우스의 띠에 비유하곤 한다. 그러나 이 도
형의 구조에 대해 좀 더 숙고한다면 이 비유가 '웬
만해선' 아귀가 맞지 않음을 알 수 있는데, 후기작
들의 "출발했던 곳으로 커다란 원형을 그리며 돌아
가(지만 도착하지는 못하)곤" 하는 직접적인 자동차
의 동선을 들어 비유하는 경우에 뫼비우스의 띠란
시작과 끝이 일치해 그 차이가 모호해지며 이야기

가 관객과는 상관없이 영원히 반복될 것만 같은 느낌을 주는 수미상관법의 수사로 쓰이곤 하지만, 사실 이런 방식은 뫼비우스의 띠가 아닌 일반적인 띠로도 충분히 가능한 것이다. 당장 종이 하나를 말아 그 위에 연필로 선을 그어 확인해 보라! 수미상관법으로 뫼비우스의 띠의 비유를 쓰는 데에는 개별 사례로도 본질적으로도 큰 오류가 있다. 내친김에 부연하자면 일반적인 띠와 대비되는 뫼비우스의 띠의 진짜 특성이란 하나의 띠에서 서로 마주하지 않을 것 같던 복수의 면이 어떤 균열로 인해 전체적으로 하나의 면으로 성립한다는 것이며, 하나의 벡터가 그 위에서 나아갈 때 그것은 중단 없이 복수의 면을 경험할 수 있게 된다. 이러한 뫼비우스의 띠의 특성은 앞엣것과는 다른 비유, 즉 두 세계의 혼종화라는 수사를 잠재하는데, 이 경우에는 (베르트 헤르조겐라트가 자크 라캉을 경유해 설명했듯[2]) 데이비드 린치의 동선이나 플롯 구성 방식에 대한 적합한 비유로 보이기도 한다. 서로에게서 찢겨진 세계들의 아슬아슬한 조우(「이레이저헤드(Eraserhead)」, 「블루

2   B. Herzogenrath, "On the Lost Highway: Lynch and Lacan, Cinema and Cultural Pathology," *Other Voices*, Vol.1, No. 3, January 1999 참조.

벨벳」, 「트윈 픽스」) 혹은 서로 무언가를 공유하는 세계들의 어긋나는 평행(「로스트 하이웨이」, 「멀홀랜드 드라이브」, 「인랜드 엠파이어(Inland Empire)」). 하지만 그렇다고 해서 이러한 구조를 (가령 「멀홀랜드 드라이브」에 대한 '대중적' 해설처럼) 그저 현실과 판타지의 대위법으로만 받아들여서는 곤란하다. 이러한 통속적 독해가 놓치는 것은 무엇인가? 린치의 영화에 현실이 없다는 점이다. 좀 더 정확히 말하자면, 의심의 여지 없이 자명하고 단단한 삶의 규칙이자 중심으로서의 현실(성)은 없다. 설사 그것이 존재했고 그런 위상을 갖고 있었다 한들, 린치가 끌어들이는 형식들은 거기에 수많은 구멍을 뚫으며 '그럴 수는 없다'고 다그친다.

아마도 당신은 여기에서 "우스꽝스러운 숭고"라는 (데이비드 린치의 가장 영향력 있는 지지자인) 슬라보예 지젝의 지적[3]을 상기할 것이다. 지젝은 「로스트 하이웨이」에 대하여, (르네의 욕망에 대한) 프레드의 불안이 맞이한 실패가 불러들인 피트의 이야기, 즉 판타지가 자꾸만 프레드의 이야기와 병치

---

3 Slavoj Zizek, *The Art of the Ridiculous Sublime: On David Lynch's Lost Highway*(University of Washington Press, 2000) 참조.

되고, 식별하기 어려울 만큼 과장되고 일그러진 시청각적 이미지의 분출 속에서 결국 프레드와 마찬가지로 실패를 맞이할 때, 판타지란 현실에의 도피가 아니라 현실의 지지물이란 사실이 드러난다고 지적한다. 상징화할 수 없는, 그래서 불안의 근원이 되는 실재를 판타지를 통해 적대적으로 억압, 이용해야지만 현실이 (불)가능해진다는 것을 린치가 적확하게 구조화했다는 것이다. 이때 현실과 판타지를 엄격하게 구분 짓는 것이 과연 가능한가? 돌아온 프레드의 "앨리스는 어딨어?"라는 물음은 아직 그가 (관객들과 마찬가지로) 피트의 이야기에서 빠져나오지 못했음을, 곧 이 구분의 어려움을 토로한다.

지젝의 이러한 관점은 그 자신의 비판 작업의 근간이 되었을 뿐 아니라 이후의 정신분석학적 영화비평들에 큰 영향을 행사하며 다양한 변주를 가능케 했다. 하지만 나는 저 변주들을 마냥 반복할 생각이 없다. 이러한 변주들은 결정적인 맹점을 갖고 있는데, 다시 말하지만 린치의 영화에는 현실이 없기 때문이다. 저 변주들이 결과적으로 하는 말이 그거 아니냐고? 하지만 나는 저 말을 정말 말 그대로 읽으려 하는 것이다. 「로스트 하이웨이」를 '해석'하는 비평들에서 가장 진절머리 나는 부분은 피트의 이야기 속 대다수의 등장인물들이 프레드의 무의식의 산물이라고 주장하는 데에서 그치지 않고 영화의 많은 부분을 머릿속에서 벌어지는 망상으로만 취급하면서 그 부분들을 상투적인 의미의 인과율에 '봉합'하려 든다는 것이다. 이런 논리는 망상으로 봉합되기 힘든 초과분적인 존재들, 예컨대 초반부의 파티에서 프레드와 미스터리 맨에 대한 얘기를 나누는 앤디나 영화 내내 프레드와 피트를 쫓는 경찰 캐릭터들마저 한낱 상징으로만 치환해 버림으로써, 말하려던 바와는 달리 (현실을 소거하는 방식으로) 자꾸 판타지와 상관없는 현실(성)을 간접적으로 지시한다.

　　여기에서 문득 떠오르는 건 「멀홀랜드 드라이브」의 한 숏이다. (아직 리타라는 이름을 덮어쓰기 전인) 이름 모를 여자가 잠에 빠져 있을 때 어떤 남자들이 전화를 주고받는다. "여자가 아직 행방불명이오." "똑같아." 이건 저 이름 모를 여자에 관한 말인가? 마지막으로 전화를 받은 남자가 건 전화는 붉은 탁상 조명 옆에 놓인 전화기를 향한다.(〔그림 2〕) 하지만 누군가가 그 전화를 받기도 전에 신이 바뀌어, 전화벨 소리는 희미한 메아리가 되어 화면

〔그림 2〕

위로 퍼져 나가고 그 속에는 방금 막 LA 공항에 도
착한 베티가 있(어 마치 전화벨 소리에 그가 응답한 것
만 같은 느낌을 자아낸)다. 그런데 우리는 이것과 거
의 유사한 장면을 이 이후에 본다. 카밀라를 쫓아
낸 이후(하지만 디제시스 내 시간상에서도 그 이후에
펼쳐진 일인지는 명확히 알 수 없다.) 슬픔과 분노의
뒤엉킴 속에서 다이앤이 격렬히 자위를 한다. 보는
사람이 다 아플 정도로 거칠게, 격렬히 자위하던
다이앤을 갑작스러운 전화벨 소리가 방해하는데,
거기에 이어지는 숏은 우리가 앞에서 본 전화기의
숏, 붉은 탁상 조명 옆에 놓인 바로 그 전화기의 숏
이다. 단순히 찍힌 대상만 같은 게 아니라 틸 다운
하는 구도와 숏이 지속되는 길이까지 정확하게 같
은 그 숏이다. 하지만 전화를 받는 건 (어느새 단장

을 마친) 다이앤이며, 전화를 건 것은 (의문의 남자
가 아니라) 다이앤이 정말 파티에 오는 것인지 의아
해하는 카밀라다. 이 숏의 반복 배치는 당혹스럽기
짝이 없는데, 마치 전반부의 마지막 남자가 건 전
화를 받은 게 후반부의 다이앤처럼 보이기 때문이
다. 당연하지만 전화를 건 남자가 음성 변조를 해
다이앤을 속였으리라고 말하고 있는 게 아니다.

　　설명을 위해 잠시 린치의 서사적 구조에 대한
얘기로 돌아가자. 앞서 간접적으로 드러낸바, 데이
비드 린치가 영화 연출을 시작한 이래 거의 항상 복
수의 세계를 함께/겹쳐 둔 채로 펼칠 수 있는 평면
으로 영화를 인식하고 이용했다는 것은 그래도 어
느 정도 알려진 사실이다. 「이레이저헤드」의 헨리
의 세계와 라디에이터 여자의 세계 그리고 제3의
행성. 「블루 벨벳」의 낮과 밤. 「트윈 픽스」 시리즈
의 트윈 픽스와 '검은 오두막', (그리고 「트윈 픽스: 귀
환」에서 늘어난 세계들의 수) 「로스트 하이웨이」의 프
레드의 이야기와 피트의 이야기. 「인랜드 엠파이
어」의 현실(들)과 영화(들). 영화라는 평면을 가로
지르는 주체(주인공과 관객)에게 이 세계들은 제각
각 동등한 무게감으로 다가오며, 이는 주체로 하여
금 그 무게감들을 어떻게 버텨야 할 것인지를 고통

스럽게 고민하게 만든다. 돌이켜 보면 이 고민이야말로 예술가로서의 린치의 50년이 넘는 궤적을 관통하는 핵심적인 효과[4]인데, 영화에서 그것이 "서로에게서 찢겨진 세계들의 아슬아슬한 조우"에서 "서로 무언가를 공유하는 세계들의 어긋나는 평행"으로 전이되어 구조적 수준으로 뒤틀린 과도기적 기점은 바로 「트윈 픽스: 불이여 나와 함께 걷자(Twin Peaks: Fire Walk With Me)」였다. 드라마 「트윈 픽스」 본편이 시작되기 전, 즉 로라 파머가 죽기

---

4   이는 영화감독만이 아니라 화가 및 설치미술가로서 그의 행보 역시 염두에 둔 말이다. 2019년 말 스페론 웨스트워터에서 열린 개인전 '진흙 속에서 끽끽대는 파리(Squeaky Flies in the Mud)'를 소개하는 한 글에서 린치는 대화 중 다음과 같이 말한다. "빌리(린치의 최근 회화 작업에서 몇 차례 '등장'한 캐릭터)는 다른 것들이 될 수 있어요." 린치는 그의 하늘색 눈을 내 뒤에 있는 나무 패널을 향한 채 말했다. "한 작품에서, 그는 한 방식으로 존재할 수 있고, 당신은 그걸 느낄 겁니다. 또 다른 작품에서는 빌리가 꽤 다를 수 있는데, 당신은 그림에서 그걸 느낄 수 있을 거예요." 그는 추가 설명을 해 달라는 나의 요구에 더욱 미스터리하게 응했다. 그는 말했다. "빌리라는 이름을 가진 사람들이 많지만, 이들이 모두 같은 사람은 아니잖아요. 무슨 말인지 알죠?" Alina Cohen, "David Lynch Turns His Cryptic Storytelling into Frightening New Canvases", *Artsy*, Nov. 8, 2019.(https://www.artsy.net/article/artsy-editorial-david-lynch-turns-cryptic-storytelling-frightening-new-canvases)

일주일 전의 시간대를 배경으로 삼은 이 프리퀄 영화는 '늦게 온 이전'이라는 자신의 위치를 한껏 이용해, 꿈속에서 과거(로라 파머)와 미래(데일 쿠퍼)를 교통시키거나 필립 제프리스 같은 전혀 새로운 인물을 등장시키는 등 선형적 시간축을 거스르며 시즌 13화에서 팔(The Arm)의 물음 "지금이 미래인가, 아니면 과거인가?"가 일으켰던 불확정성의 인상을 한 편의 영화 전체로 확장하고 강화한다. 이전의 「블루 벨벳」에서도 톰 고든/노란 남자의 존재가 두 세계 사이의 보충 및 교통 관계를 지시하기는 했으나, 이렇게 구조적으로 직접 뒤얽히는 방식은 아니었다.

　「멀홀랜드 드라이브」에서 이 방식은 보다 급진화되어, 꿈이나 텔레비전 노이즈라는 기제를 통해 교통하던 복수의 세계는 이제 구조화된 모호함 속에서 교통한다. 몇 가지 의문. 어쩌면 영화 초반부에서 사고를 당한 사람은 후반부에서 봤던 바로 '그' 카밀라가 아닐까? 전반부에서 베티와 리타를 만난 이웃집 여자와 후반부에서 경찰 두 명이 자신을 찾아왔다고 다이앤에게 말하는 이웃집 여자가 정확히 같은 사람이고, 그가 본 베티와 리타와 경찰들이 같은 사람들이라면? 이 모순적 논리를 모순이라고 기각하는 대신 역설로 그대로 받아들인다면 어떨까? 이 생각을 뒷받침하는 건 베티와 리타가 사라진 직후 갑자기, 아마도 파란 상자가 떨어지는 소리를 듣고서 (멀리 여행을 갔다던) '숙모' 루스가 문을 열고 들어와 방에 아무것도 없는 걸 확인하고 다시 나가는 광경이다. 거기에 없어야 할 것이 거기에 있는, 혹은 그 역의 광경. 이때 이 어이없는 광경을 가능하게 한 게 '파란 상자가 떨어지는 소리'라는 것을 놓쳐서는 안 된다. 즉 여기에서 진정으로 펼쳐지는 것은 환영의 기각이 아니라, 하나의 집 안에 있던 인물들이 서로의 존재를 인지하지 못하다가 희미한 소리로 인해 서로의 존재를 미약하게나마 감지하게 되는 광경이며, 그 소리는 하나의 세계의 흔적이 자율화된 채 떠돌다 평면으로서의 영화를 관통하는 일종의 얼룩인 것이다.(어쩌면 레베카 델 리오가 쓰러지고도 계속 흘러나오던 노래는 이에 대한 예고가 아니었을까.) 이 생각을 밀고 나간다면 전화기의 숏을 둘러싼 당혹스러움 역시 설명할 수 있다. 서로 다른 세계가 전화기라는 사소한 사물을 매개로 해 평면 위에서 어긋나게 교통하는 것이 여기에서 벌어지는 사건이다. 어긋남을 해결할 정합적인 '봉합'은 여기에서 불가능하며,

다만 어긋남을 어긋남으로 유지해 펼치는 무자비한 조작과 그로 인한 불확정성만이 가능하다. 이러한 조작은 「멀홀랜드 드라이브」 한 편에 국한되지 않고 그의 영화 세계 곳곳에 촘촘히 숨어 있다. 데뷔작 「이레이저헤드」의 첫 시퀀스나 앞서 언급한 「로스트 하이웨이」의 초과분적인 존재들을 떠올려 보자. 시대와 작품에 따라 조작을 구축하는 방식이 바뀐 것일 뿐. 달리 말하자면 '행방불명인 여자'를 찾는다는 목적 속에서 세계들을 어긋나게 매개하는 전화기 숏의 농도가 바로 린치 영화의 힘이다.

이러한 데이비드 린치의 영화들을 공통적으로 이루는 주요한 모티프가 있다면, 인물들을 억압해 불안을 축적시키고 그럼으로써 다른 세계의 간섭을 야기하는 언캐니한 집과[5] 그런 집을 잠시 떠나 여기저기를 향하는 위험천만한 모험 두 가지를 꼽을 수 있다. 문장만 놓고 본다면 '순진무구한 아이가 집을 떠나 어딘가에 갔다가 그곳에서의 경험을 통해 어른이 되어 돌아온다'는 빌둥스로망의 전개 과정을(물론 나는 프랑코 모레티의 『세상의 이치』를 떠

---

5   2018~2019년 보네판테 미술관에서 열린 그의 개인전 제목은
     "누군가 우리 집에 있다(Someone is in My House)"였다.

올리며 말하는 중이다.) 거의 즉각 연상시키긴 하나, 앞서 말했듯 린치는 '어른이 되어 돌아온다'는 식의 동선의 완수를 조금도 추구하지 않는다. 모험을 시작하기 위해서는 (떠날) 집이 필요하다. 하지만 모험을 끝내기 위해서는 꼭 (돌아갈) 집이 필요하지는 않다. 좀 과하게 말해 길 위를 전전하다가 불의의 사고나 자살로 좌표 사이를 영원히 헤멜 수도 있는 것이다. 린치에게 이를 위한 기본적 조건은 두말할 것 없이 자동차라는 (비)장소다.

두 명의 카일 맥라클란으로 예를 들어 보자. 당신은 「블루 벨벳」에서 제프리가 자신의 근사한 올즈모빌을 타고 자기 집으로 돌아가는 걸 몇 번이나 보았나? 혹은 「트윈 픽스」에서 데일 쿠퍼가 시즌 1의 1화에서 차를 몰고서 트윈 픽스에 도착한 이래 마을을 벗어나 원래 자신이 살던 집으로 돌아가는 것을 몇 번이나 보았나? 당연히 없을 것이다. 한 번도 그런 적이 없으니까. 이들의 자동차가 그리는 동선은 좌표 사이는 물론 좌표로부터도 기묘하게 부유하며 상징적으로 모험을 (이미 그것이 가시적으로는 집으로 돌아가 끝난 이후라 해도) 유랑으로 전환한다. 린치가 "도착이라는 말을 애초에 알지 못하는 것만 같"다는 것은 여기에도 적용되는 말이다. 한편 「트윈 픽스: 귀환」 1화에서 각각의 이야기들은 자동차가 장소에 임시로 도착하면서 시작된다. 특히 '사악한 쿠퍼(Evil Cooper)'의 에피소드가 그러한데, 「트윈 픽스」 시즌 1의 1화에 대한 팬 서비스 차원에서 이를 이해할 수도 있겠으나 보이는 그대로의 상황, 즉 자동차가 이야기를 작동시킨다는 것으로 이해할 수도 있을 것이다. 그렇다면 이제 처음으로 돌아가 말해 보자. 린치의 자동차는 대체 무엇인가? 그것은 정신분석학에서 말하는 욕망(Drive)의 상징이 아니다. 그것은 이야기를 작동시키는 기제의 은유다. 서사적 가능성이라는 연료와 '그럴듯한' 결말이란 좌표를 가진. 자동차가 벡터를 갖고서 나아가고 어딘가에 다다를 때 이야기 역시 나아가고 또 어딘가에 다다르는 것이다. 말하자면 이야기-자동차. 그런데 (당신도 이미 짐작하고 있겠지만) 린치는 자신의 자동차를 조금도 경제적으로 사용하지 않는다. 그는 이야기-자동차의 속도와 좌표로의 도착을 철저히 지연시키고, 연료를 낭비하고, 동선의 무리한 변경과 확장을 요구하고, 나아가선 동선을 좌초시켜 그것의 기능을 거의 불구로 만들어 버리기까지 한다. 어째서?

에이드리언 마틴은 「서사의 도전」에서 「트윈

픽스: 귀환」이 "서사적으로 얼마든지 우회하고 탈선할 수 있는" TV 드라마의 "서사 지연 원리를 극단적으로 확장한 결과"[6]라 썼는데, 이러한 논지는 이 드라마 혹은 린치가 계속 TV로 돌아가고자 했던, 보다 정확히 말해 TV 포맷을 이용하려 했던 이유[7]를 넘어 린치가 이야기-자동차를 폭력적으로 다루는 근본적 이유를 암시한다. 프랜시스 베이컨이 인간의 신체를 고기 뭉텅이처럼 뭉개서 그렸던 것과 같이, 혹은 사뮈엘 베케트가 자아를 끊임없이 미분하는 '소란스러운' 글쓰기를 하던 것과 같이 그것은 하나의 이미지에 내재하는 변화를 향한 잠재성으로 우리를 이끌려는 집요한 제스처다. 여기에서 잠재성을 가능성과 착각해서는 안 되는데, 후자의 변화가 성장이나 쇠락 같은 수직적 현상이라면 전자는 확산 같은 수평적 현상이기 때문이다. 가능성에 얽인 가치 판단의 의미를 결여하는 이 단어에는

---

6   에이드리언 마틴, 이후경 옮김, 「서사의 도전」, 《필로》 1호(2018년 3/4월호), 102쪽.

7   「멀홀랜드 드라이브」가 원래 방송국 ABC의 미니시리즈 파일럿으로 제작된 작품이었다는 사실은 유명하지만, 그가 「트윈 픽스: 불이여 나와 함께 걷자」 이후 ABC와 HBO에서 각각 「방송 중(On the Air)」과 「호텔 룸(Hotel Room)」 등의 TV 시리즈를 제작했다는 사실은 잘 알려지지 않았다.

다양한 하위의 단어들이 산재한다. 분열, 변신, 중첩 등…… 프란츠 카프카도 혀를 내두를 만큼 연료와 좌표를 최대한 반(反)경제적으로 오남용해 가능성이 자라날 수 있는 지점을 모조리 쳐냄으로써 데이비드 린치는 이야기-자동차를 잠재성이 펼쳐질 수 있는 불확실성의 환경으로 구축한다. 그렇게 하나의 사물(들), 하나의 표면은 서로 다른 세계를, 역으로 복수의 사물(들), 복수의 표면은 같은 세계를 품을 수 있게 되는 것이다. 인조 닭과 메리의 엄마가 겹쳐지듯, 도로시와의 섹스에서 제프리에게 프랭크가 겹쳐지듯, 아버지 리랜드 파머가 괴물 밥이었듯, '검은 오두막'에서 나온 게 데일 쿠퍼의 도플갱어이듯, 베티와 다이앤 혹은 수전과 니키가 하나의 배우에서 겹쳐지듯. 린치 특유의 형식이라 할 만한 (이미지에서 제의적 서정성이 아닌 대상의 기형화를 이끌어 내는) 슬로 모션과 (복수의 세계를 과격하게 겹쳐 버리는) 디졸브(〔그림 3〕) 그리고 기호의 (은유화가 아닌) 암호화에 대한 집착은 이것의 연장선에 있다. (여기에서 린치는 고다르과 놀랄 만큼 유사해진다.) 그런데 그 잠재성은 대체 어디를 향하는가?

궁극적으로 그것은 자아와 세계 사이의 관계를 파헤친다. 서로 반대되는 것들 사이에서 주요

〔그림 3〕「트윈 픽스: 불이여 나와 함께 걷자」

한 유사성이 발견되고(「블루 벨벳」) 익숙하다 생각
했던 것이 완전히 상반된 모습으로 나타나고(「트
윈 픽스」) 나아가 나의 자아가 나만의 것이나 자연
적으로 발생한 게 아니라 구성된 것이라면(「인랜
드 엠파이어」) 어떡할 것인가? 작품이 진행됨에 따
라 제기되는 이런 '부정'의 질문은 고유성, 확정성,
일원성 등 우리의 자아를 안정적으로 유지하던 인
식적 전제들을 한계까지 밀어붙여 균열을 내고 붕
괴시킨다. 린치에게 영화는 그런 붕괴를 직시하는
데 있어 더없이 적합한 '양식'인 것이다.[8] 이제 우

---

8   여기에서 내가 떠올리는 이름은 조너선 크래리다. 그는 「시각의
     현대화(Modernizing Vision)」라는 에세이에서 인간의 신체를
     둘러싼 시각 모델의 헤게모니가 변화하는 양상을 그리는데, 이
     에 따르면 서구 시각 문화 전통의 연장선에서 객관적이고 투명

리는 다음과 같은 결론을 도출할 수 있다. 데이비드 린치의 영화 속 세계들은 서로가 존재하는 것을 모른 채 서로를 암암리에 보충하며 공존하다가 어떤 균열로 인해 양자를 관통하는 짙은 얼룩을 남기며, 린치의 이끎에 따라 우리는 그것을 끈질기게 좇는다. 그런데 얼룩을 좇으면 좇을수록 두 세계 중 무엇이 우리가 출발한 '그' 세계였는지, 애초에 '그' 세계가 과연 우리가 생각하는 '그' 세계다운 것이었는지 모두가 의문스러워진다. 이는 우리가 거창하게 세계라 부르던 것이 실은 자아를 안정화하

한 상을 보장한다고 여겨진 카메라 옵스큐라의 시각 모델은 19세기(의 괴테)에 이르러 (잔상이나 환영 같은 근본적 주관성의 한계로 인해 객관적 상으로 나아가는 데 있어 극복 대상으로 여겨진) 인간의 신체가 관찰자로서 시각 모델의 새로운 중심이 되면서 객관성과 주관성의 구분이 허물어지는 단절 및 변환을 겪게 되었으며, 그러한 과도기에 형성된 영화는 이 새로운 시각 모델의 성질을 중핵으로 삼은 대표적인 탈중심적 시각 양식이라 할 수 있다. (이 대목에 이르러 그는 들뢰즈의 운동-이미지 개념을 암묵적으로 참조하는 듯하다.) 물론 이후 '상용화'된 영화는 이러한 탈중심성을 다시금 객관적이고 투명한 상(의 망상)의 구축을 위해 활용하게 되지만 말이다. 여기에서 크레리가 논하는 탈중심성과 린치의 불확정성을 포개 보자. 그렇다면 데이비드 린치의 영화란, 영화가 태동할 때부터 품은 이런 선험적 문제를 (금방 '객관적이고 투명한 상(의 망상)의 구축'이라 일컬은 것을 포함한) 영화 언표의 장의 변화에 따라 재구축한 산물이라 할 수 있을 것이다.

기 위해 마련된 (지젝이 말한) 구조화된 판타지 중 하나일 수 있음을 암시하며 그러한 세계(들)를 한데 품는 광활한 평면, 퀑탱 메이야수의 말을 (어거지로) 빌리자면 '거대한 외계(Grand Dehors)'의 존재와 그 나름의 '질서'를 인식시킨다. 결국 데이비드 린치의 영화를 본다는 것은 평면에 난무하는 혼돈의 감각을 내재화하기 위한 훈련인 것이다. (농담삼아 말하자면) 가장 가혹한 의미에서의 '자아 성찰'. 자크 리베트가 「트윈 픽스: 불이여 나와 함께 걷자」를 보고 난 후 "내가 아는 건 내가 땅에서 6피트 정도 뜬 채 극장을 나섰다는 것뿐이다."[9]라고 말한 것은 어쩌면 이 불확정성에 대한 반응이 아니었을까?

그렇다면 드라마 본편이 끝난 지 25년 후에야 다시 펼쳐진, 그리고 이전과는 완전히 다른 전개로 기존 팬들을 아연실색하게 만든 「트윈 픽스: 귀환」은, 우리가 「트윈 픽스」를 통해 익숙한 것으로 받아들였던 배우—캐릭터나 미장센이나 플롯이 전혀 다른 무언가가 되었고 또 되고 있음을 인식시키고자

---

9   Frédéric Bonnaud, Trans. Kent Jones, "The Captive Lover: An Interview with Jacques Rivette", *Senses of Cinema*, 2001. (https://www.sensesofcinema.com/2001/jacques-rivette/rivette-2/)

〔그림 4〕

한, 기획 자체로 과시적이고도 장대한 시도일 것이
다. 하지만 린치의 기획은 역시 그것만을 향하지는
않는다.

「트윈 픽스: 귀환」의 (본방송에서 17, 18화를 묶
어 방영한) 피날레를 떠올려 볼 필요가 있다. 17화
에서 시리즈의 골수팬들을 (참으로 간만에) 추억
에 젖어 들게 만드는 전개를 비롯, 거의 바그너가
말한 총체예술의 수준으로 자신이 쓸 수 있는 거
의 모든 기술과 스타일을 흥청망청 구사하며 이질
적인 기호들을 한데 한껏 범람시키던 린치는 곧바
로 이어지는 18화에서 그것들을 단호하고 철저하
게 벗겨 낸다. 초현실적인 세계도 보이지 않고 인
물들도 사라지고 음악도 희미해져, 우리가 이전에
이 시리즈에서 본 적 없는, 건조하고 황폐하기 짝

이 없는 영상이 우리 앞에 펼쳐지는 것이다. 여기에서 범람하는 게 있다면 오직 쿠퍼의 자동차가 그리는 동선뿐이다.(〔그림 4〕) 후반부에서 주체는 마침내 로라 파머 역의 셰릴 리를 만나지만 그는 더 이상 로라 파머가 아니며, 그와 함께 트윈 픽스로 돌아와 파머 일가의 집에 도착하지만 집주인은 사라 파머가 아니고 집이 파머 일가의 것이었던 적은 없(다고 한)다. 돌이켜 보면 언제부터인가 이미 모든 게 바뀌어 있었다. 특히 쿠퍼와 다이앤의 불길한 섹스 이후 다이앤이 남긴 편지에서 그들의 이름이 바뀌었고, 모텔과 차가 바뀌었고, 트윈 픽스의 카페 RR의 외양이 바뀌었고, '검은 오두막'을 이루던 요소들이 다른 모습으로 우리 앞에 나타났고, 무엇보다 쿠퍼 자신의 성격과 행동이 (어느 정도 '사악한 쿠퍼'처럼) 바뀌었다. "지금이 몇 년도죠?"라는 쿠퍼의 물음은, 미시적인 이미지의 '반복'에서 서로 상반되는 에피소드의 (피날레라는 명목의) 통합 배치에 이르는 수많은 어긋남의 중첩을 동선의 완수 없이 유랑해야만 하는 주체의 탄식일 테다. 그때 마침 어디선가 들려오는 사라 파머의 (왜곡된) 부름과 그에 응답하듯 울려 퍼지는 셰릴 리의 비명은 세계들이 새로이 중첩되고 붕괴되는 혼돈의 감각으로 우리를 내몬다. 결국 로라 파머/셰릴 리는 영원히 집에 돌아갈 수 없을 것이다. 물론, 그건 우리도 마찬가지다.

수상쩍은 발명품의 매력
—다니자키 준이치로론

'활동사진이 진정한 예술로, 예컨대 연극, 회화 등
과 동등한 예술로 향후 발달할 전망이 있는가?'라고
묻는다면 나는 물론 그렇다고 대답하겠다. 그리고
연극이나 회화가 영구히 사라지지 않듯이 활동사진
또한 불멸하리라고 믿는다. 사실대로 말하자면 나
는 오늘날 도쿄 어느 극장의 연극보다도 활동사진
을 훨씬 사랑하며, 그중 어느 부분에서는 가부키극
이나 신파극과 견줄 수 없는 예술적 아름다움을 발
견한다. 다소 극단적일지도 모르나 서양 영화라면
아무리 짧고 시시하더라도 현재 일본 연극보다 훨
씬 재미있다.[1]

1   다니자키 준이치로, 김보경 옮김, 「활동사진의 현재와 장래」,

감히 이리 단언하고 있는 이는 대체 누구인가, 하고 살펴보면 1917년의 다니자키 준이치로, 그러니까 아직 '대다니자키(大谷崎)' 타이틀을 획득하기 이전의 젊은 모더니스트 소설가 다니자키 준이치로다. 저 문장들이 포함된 「활동사진의 현재와 장래」를 포함해 「영화 잡감」, 「영화 감상: 『슌킨 이야기』 영화화 무렵에」 등 쏜살문고의 다니자키 준이치로 선집 마지막 책으로 발간된 에세이집 『음예 예찬』에 수록된 세 편의 영화 에세이에서, 우리는 저 도발적인 단언에 걸맞게 영화의 당대적인 위상을 짚(고 꼬집)으며 초기 영화의 성숙기이자 영화 이론의 첫 개화기에(1917년은 '시네아스트'라는 말을 고안하기도 한 루이 들뤼크가 본격적인 영화비평을 시작한 해이며, D. W. 그리피스의 말 그대로 기념비적인 대서사시 「불관용(Intolerance)」의 일본 개봉은 아직 2년 후의 일이라는 걸 유념해 주시길 바란다.) 일찍이, 그것도 동아시아에서 영화의 미적 가치를 간파하고 거기에 투신한 예술가로서의 다니자키를 만난다.

앞의 문장에는 조금의 과장도 없다. 가령 초기 영화의 사진적 사실성과 그 서사적 허구성을 함께

『음예 예찬』(민음사, 2020), 7~8쪽.

예찬하는 대목에서는 영화의 거짓성(앙드레 바쟁과 그를 위시한 프랑스 철학자들)이나 '기술적 상상계'(프리드리히 키틀러) 등의 개념들이 절로 떠오르며, 영화에는 색채는 물론 변사나 음향도 불필요하다고 말하는 대목에서는 "영화로 하여금 현실의 정확한 재생이 되지 않게끔 하는 바로 그 고유한 영역"[2]이야말로 곧 영화의 가능성이라는 주장이 묘하게 아른거린다. 게다가 약 2년이라는 짧은 기간 동안 다이쇼 영화사에 문예 고문으로 재직하면서 미국 슬랩스틱 코미디와 당시 최신 편집 테크닉을 일본 문화에 이식하려 한 선구작 「아마추어 클럽(アマチュア倶楽部)」(1920)을 비롯한 몇 편의 영화 제작에 참여하고, 일본 영화 제도의 서구적 표준화를 목적으로 둔 '순영화극 운동'을 진행하는 등 초기 일본 영화사에서 적잖은 역할을 수행했으니, 세계사의 관점에서 보아도 그의 행보는 이례적이고 선구적이었다 할 수 있을 테다. (다만 「영화 감상」에도 쓰여 있듯 그는 갈수록 영화와 멀어졌는데, 이는 다른 맥락에서 논할 문제다.)

2   루돌프 아른하임, 김방옥 옮김, 『예술로서의 영화』(홍성사, 1983), 21쪽.

하지만 다니자키의 에세이에서 영화 이론의 원시적 형태를 길어 내는 건 (구미가 당기는 기획이 긴 해도) 이 글이 하려는 일은 아니다. 혹은 다니자키가 당대 일본 영화와 '실제로' 어떤 관계를 맺었는지를 알고 싶다면 「다니자키 준이치로 문학과 영화」(2007)를 비롯한 김태현의 논문들을 참고하는 게 도움이 될 테다. 내게 『음예 예찬』에서 특히나 흥미로운 점은 다니자키 준이치로가 영화의 성질을 논할 때 마치 자신이 영화에 매혹된 지점을 고백하듯이 썼다는 사실이다. 좀 더 직접적으로 물어보자면, 다니자키는 어째서 영화에 매혹되었을까?

다시 「활동사진의 현재와 장래」로 돌아가자. 의견의 발화자가 다름 아닌 다니자키 준이치로라는 사실을 중점에 둘 때 인상적인 대목은 다음이다.

어느 장면 중 일부를 도려내어 크게 비춘다는 것, 즉 디테일을 나타낼 수 있다는 점이 얼마나 연극의 효과를 강화하고 변화를 돕는지 모른다. …… 나는 활동사진에서 '클로즈업'된 얼굴을 바라볼 때 특히 이런 느낌을 강하게 받는다. 평생 눈치채지 못하고 그냥 지나쳤던 인간의 용모나 육체의 각 부분이, 말로 설명할 수 없는 매력을 지닌 채 새삼스럽게 다가

옴을 느낀다.[3]

(클로즈업을 특권적인 영화 형식으로 규정한 시초
로 기억되는) 훗날의 벨라 발라즈와도 공명하는 이
러한 고찰에서 나는 그의 '공식적인' 첫 단편 소설
이자 대표작 중 하나인 「문신」의 한 장면으로 되돌
아간다. "세이키치의 시선 속으로 문득 요정 앞에
대기하고 있던 가마가 들어"와 다니자키 특유의 페
티시-오브제인 여자의 발을 발견하고서 거기에 사
로잡히는 순간으로.

주렴이 드리워진 그늘 사이로 여인의 새하얀 맨발
이 드러나 있었다. 예리한 그의 시선에는 사람의 발
이 얼굴과 똑같이 복잡한 표정을 가진 것으로 비춰
졌는데, 그 여인의 발은 고귀한 살갗으로 이루어진
보석처럼 느껴졌다. 엄지에서 시작해서 새끼로 끝
나는 가지런한 다섯 발가락의 섬세함, 에노시마 해
변에서 캐낸 연한 선홍빛 조개에도 뒤지지 않을 발
톱의 색감과 구슬과도 같은 발뒤꿈치의 완곡미, 그
리고 바위틈에서 새어 나오는 맑은 샘물이 항시 발

3   다니자키 준이치로, 앞의 책, 11~12쪽.

치를 씻어 내고 있다고 착각할 만한 윤기.[4]

흘러넘치는 듯한 환희감의 묘사는 그저 시각에 기댄 채 감상을 절절하게 나열하고만 있지는 않다. 저 문장들은 마치 코앞에서, 아주 오랜 기간, 정성스럽게 발을 훔쳐보았다는 듯이 세밀하게 전개되고 있기는 하나, 발의 주인의 얼굴을 보기 위해 가마를 잠깐 뒤쫓았다는 문장이 곧장 붙는 걸 볼때 현실적으로 그러지 못했음을 짐작할 수 있다. 거리도 시간도 (그리고 이 이후에 알 수 있듯) 이성도 초과하는 불가능한 시선, 과잉을 넘어 초인간 내지는 비인간적이기까지 한 주관적 시선 묘사. '소설의 시각적 전환'이라는 좁고 뻔한 역사적 분석 틀은 이 앞에서 무력하다. 이 광경은 대체 어떻게 가능한 걸까? 그건 이 시선이 세이키치로부터 잠시 찢어져 스스로, 독자적으로 존재하기 때문이다. 아름다운 발을 포착하려는 의지로 자신의 근원으로부터 떨어져 나온 세이키치의 시선은 자율적인 힘을 얻어 발을 순식간에 세세히 포착할 뿐만 아니라 이 대상

---

4   다니자키 준이치로, 박연정 외 옮김, 「문신」, 『소년』(민음사, 2018), 10~11쪽.

에 대한 세이키치의 심리를 '사로잡힘'으로 강제해 버리기까지 한 것이다. 악마적인, 아니 아예 악마화된 응시.

응시? 시선과 달리 응시는 바라봐지는 대상을 대상화하는 동시에 바라보는 주체 역시 대상화한다는 대상화의 필연성에 대한 자크 라캉의 교훈[5]을 떠올린다면 앞서 '시선'이라 불렸던 현상들은 이 지점에서 '응시'로 전환된다. 그런데 생각해 보면 이는 지난 시대의 수많은 비평가와 이론가들이 예찬했던 카메라의 역능/역할과 거의 포개지지 않는가. 다니자키 자신이 「영화 잡감」의 말미에 (「실크 인더스트리」라는 '평범한' 영화에 대한 감상을 쓰며) 암시했듯, 카메라가 우리의 시선으로는 포착 불가능한 우리네 세계의 한 물질적 단면을 '자동적으로' 잘라 내고 변환해 그것을 특정한 시간의 흐름 속에서 이미지로 우리에게 제시할 때 거기에는 우리가 알면서도 알지 못하는 세계의 생경함이 압축되어 있어, 종종 머리통이 잘린 채로 붙어 있기도 하고, 몸이 손의 부속물이 되기도 하며, 갈 곳 잃은 눈동자

---

5   자크 라캉, 민승기·이미선·권택영 옮김, 『욕망이론』(문예출판
     사, 1994) 참조.

에 어마어마한 비밀이 섞이기도 하는 인과의 기묘한 역전이 일어나곤 한다. 요컨대 둘 사이의 핵심적 공통점은 내 응시가 순전히 내 응시가 아니게 될 때 비로소 가능해지는 '이상한' 인식에 있는 것이다. (영화란 전체가 아닌 부분도 충분히 미적 대상으로 성립될 수 있다는 인식이 회화와 문학에서 공공연해진 때에 형성된 '양식'임을 떠올려 보자.[6])

그렇다면 다니자키가 영화에 일찍이 매혹된 것은 이러한 영화의 성질이 자신의 무의식에 강렬히 동했기 때문일지 모른다. 여기에서 세이키치(혹은 다니자키)가 매혹된 대상이 발이라는 점을 예삿일로 여겨서는 안 되는데, 물론 발에 대한 매혹이라는 모티프야 캐릭터/작가 개인의 페티시로 일축해도 상관없으나, 흔히 '영혼의 장소'로 일컬어지는 얼굴보다 많은 경우 꽁꽁 가려진 채 관심을 덜 받는 발이 더 매혹적인 대상으로 다뤄질 때는 얘기가 달라진다. 이 발은 하이데거의 고흐의 구두, 즉 전체(로서의 존재)를 지시하는 부분이 아니다. 앞서 말한 응시의 경우와 같이, 이는 몸이라는 조직을 배

---

6   Laura Marcus, "Film and Modernist Literature", *Handbook of Intermediality Literature-Image-Sound-Music*(Edited by Gabriele Rippl), 2015, pp.240~248.

반한, '우리가 알면서도 알지 못하는 세계의 생경함'을 지닌 독립적이고 비-유기적인 부분 대상[7]으로 우리 앞에 현현한다. 그리고 「문신」의 세이키치를 비롯한 다니자키의 마조히스트들이란 모두 자기를 넘어선 응시로 인해 마주친 생경함을 간직한 이런 의외의 이미지에 완전히 사로잡힌 이들이자 그로 인해 피학 성향을 지닌 자신을 마침내 발견하고 발현하는 이들인 것이다. 앞서 인용한 다니자키 본인의 말을 다시 빌리자면 "평생 눈치채지 못하고 그냥 지나쳤던 인간의 용모나 육체의 각 부분이, 말로 설명할 수 없는 매력을 지닌 채 새삼스럽게 다가옴을" 너무 강렬히 느껴 도착의 수준에 이른 이들. (그러나 적어도 지금 시대에 보자면 영화에서 클로즈업이란 카메라의 그런 역능/역할의 극단적인 한 사례일 뿐이다.)

『치인의 사랑』에서 조지가 나오미(의 정신)에 실망했음에도 갈수록 나오미를 애모하는 것이 나오미의 몸 때문인 건 예사로, 「후미코의 발」에서는 후미코 본인보다 발이 더 아름다운 것으로 취급받

---

7   조운 콥젝, 정혁현·김소연·박제철 옮김, 『여자가 없다고 상상해봐: 윤리와 승화』(도서출판b, 2015), 136~137쪽.

아 남자들은 그것에 얼굴을 밝히며 쾌감을 느끼고, 『무주공 비화』의 호시마루는 미녀들에게 희롱당하는 수급(의 이미지)을 훔쳐보다 질투를 느껴 무수한 적군의 목과 코를 잘라 취한다. 『시게모토 소장의 어머니』에 등장하는 남자들이 여자에 대한 정념을 떨치고자 똥을 찍어 먹어 보고 시체를 보러 돌아다녀 봐도 결국 정념을 떨치지 못하는 사태 역시 마찬가지이며, 아예 『미친 노인의 일기』에 이르러서는

"어때? 이 얼굴?" "참, 뭐라 말할 수 없이 늙고 추한 얼굴이군." 나는 거울 속의 얼굴을 보고 난 다음 사쓰코의 자태를 보았다. 아무리 봐도 이 둘이 같은 종류의 생물이라고는 믿기지 않았다. 거울 속 얼굴을 추악하다고 생각하면 할수록, 사쓰코라는 생물은 더욱더 한없이 우수해 보였다. 나는 거울 속 얼굴이 더 추악해지면 사쓰코가 지금보다 더 우수해 보였을 텐데, 하며 유감스러워했다.[8]

이렇게 화자인 노인이 "거울 속의 얼굴"을 자

8   다니자키 준이치로, 김효순 옮김, 『미친 노인의 일기』(민음사, 2018), 117쪽.

신의 얼굴로 지칭하지 않으며 자신(의 이미지)까지 타자화하는 광경마저 펼쳐진다.

주관적 판단에서 '나'라는 항이 잠시 지워지면서 거꾸로 번역되는 것은, 문장의 설명적 작용을 보충하는 대신 그 희유한 물질성으로 깊이와 이성의 가능성을 앞지르거나 중단시켜 버리는 이미지의 전복적인 힘이다. "내가 원하는 것을 나는 벌써 생각할 수 없다. 움직이는 이미지가 나만의 생각을 대체해 버린다."[9] 영화 경험에 대한 조르주 뒤아멜의 (발터 벤야민으로 인해 유명해진, 그러나 말만 놓고 보자면 아도르노에 더 가까워 보이는) 경구. 누군가는 여기에서 간단하게 부정적인 의미에서의 충격 효과를 떠올릴지도 모르나, 그 앞에 숭고한 내면/영혼 따위로 환원되지 않으며 사고의 정합성이라는 테크놀로지를 뒤흔드는 '비사유의 이미지'[10]가 있음을 (그리고 영화가 그런 이미지들의 체계로 순조로이 발전하지도 않았음을) 잊어서는 안 된다. 그리고 바

---

9   발터 벤야민, 최성만 옮김, 「기술복제시대의 예술작품」(제3판), 『기술복제시대의 예술작품/사진의 작은 역사 외』(길, 2007), 142쪽.

10   질 들뢰즈, 이정하 옮김, 『시네마 II: 시간-이미지』(시각과언어, 2002), 397쪽.

로 이 사실에 기초해 마조히스트들은 보면서 보여지는 존재로 성립되는 것이다. "나는 관능적인 감각들을 단순한 보기의 행위로부터 이끌어 낸다."라고 거만하지만 적확하게 고백한 귀스타브 플로베르의 방법론의 강도를 다니자키는 이렇게 놀랄 만큼 높여 버린다. (플로베르의 사물 묘사와 교차적 서술에서 영화의 편집 방식을 '따로 또 같이' 도출한 세르게이 에이젠슈타인과 앨런 스피겔이 여기에서 떠오를 수밖에 없다.) 그렇다면 "모든 문학과 모든 예술은 모두 다 인간의 육체미에서 시작하는 것"[11]이라는 『금빛 죽음』의 주인공 오카무라의 주장을 이 맥락에서 다시 생각할 수도 있으리라.

한데 저들만이 보면서 보여지는 존재인 건 아니라, 매혹적인 대상 역시 그저 고상하게 시선을 받기만 하지 않고 자신을 그 위상에 계속 올려놓기 위해, 달리 말해 시선을 계속 받기 위해 무진 애를 쓴다. 『치인의 사랑』에서 자꾸만 집에 돌아와 조지를 자극하는 나오미, 『만』에서 자기가 잠든 사이를 걱정해 부부에게 수면제를 먹이는 미스코, 『슌

---

11   다니자키 준이치로, 양윤옥 옮김, 『금빛 죽음』(민음사, 2018), 85쪽.

킨 이야기』에서 사스케에게 "너는 내 얼굴을 보았겠구나."라고 낙담하듯 말하는 슌킨. 왜냐하면 수용자의 시선 없이는 이미지에 어떤 힘이나 의미도 생성될 수 없다는 것을 매혹적인 대상들 모두가 본능적으로 알고 있기 때문이다. 애초부터 이미지에 내재적으로 마련된 시선의 자리. 즉 이미지도, 응시도 근본적으로 마조히스트들을 필요로 하며, '나'를 넘어서는 것들조차 '나'의 선택과 책임으로 수렴된다.(이 지점에서 다니자키는 헨리 제임스와 긴밀히 공명한다.) 직접적인 애무나 섹스 묘사가 거의 부재할 때조차 우리가 다니자키의 작품에서 기괴한 에로티시즘을 느낄 수 있는 것은 다니자키가 몸에 대한 세밀한 묘사나 변태적인 페티시에 몰두하며 몸의 현전성을 우리에게 전달하려 애써서가 아니라, 이렇게 몸(의 이미지)을 매개로 해 응시가 그 자신을 이루는 요소들의 관계 사이의 역학을 조절하는 프로세스를 조금의 순화 없이, 적나라하게 풀어내서인 게다. 이 점에서 다니자키는 흔히 생각되는 것과는 달리 지극히 윤리학적인 소설가라 해야 한다. 다만 교훈적이지 않을 뿐.

이쯤에서 다니자키가 20세기 초의 '젊은 모더니스트 소설가'라는 사실을 다시금 떠올려 보자.

예술에서 모더니즘이 무엇보다 '인간적인 것'으로부터 형식을 최대한 분리하고자 한 흐름임을 염두에 두니, 다니자키의 소설들이 이제는 영화를 비롯한 19세기 말에서 20세기 초의 근대적 시각 체계가 인간 주체의 지각을 바꾼 방식을 은유로써 육화한 우화의 계열로도 보이기 시작한다. 그렇다면 욕망의 주체가 대상에게 욕망을 투사/공여해 그것에 모욕당하고 굴복하며 안정을 찾곤 하는, 곧 전-주체적인 욕망을 **주체의 이해** 안에서 긍정하는 다니자키의 욕망의 구도가 성립될 가능성은 그 전제로 깔려 있는 응시의 구도에 달려 있다고 봐야 하리라. (『만』에서부터 본격적으로 형식화되어 종종 장편 소설에서 시도되었던 다중 시점의 교차는 어쩌면 이에 대한 보다 직접적인 접근 방식이 아니었을까?)

그런데 시각이 잠시 마비되는 대신 청각의 관능성이 활성화되는 「소년」부터 아예 주인공이 맹인이 되기를 자처하는 『슌킨 이야기』에 이르기까지 그의 작품군에 인물의 시각이 제 기능을 잃는 이야기들이 몇몇 끼어 있다는 건 도대체 어떤 의미인가? 응시를 핵심 개념으로 계속 끌고 간 앞의 논의대로라면 이 작품들은 일탈이거나, 논의를 부정하는 '얼룩' 같은 사례일 테다. 아니, 종종 그저 비유처럼 쓰이곤 하는 '시각의 촉각성' 같은 수사를 멀게는 알로이스 리글처럼, 가까이로는 비비안 숍책이나 제니퍼 바커 등의 현상학적 영화이론가들처럼 말 그대로 받아들인다면, 그래서 특정한 지각이 각각의 감각들의 협업에 의해 형성됨을 인지한다면, 다니자키가 이미지와 마주치는 데 있어 특권적 역할을 수행해 온 시각의 절대성에 몰두해 왔지만 동시에 그 절대성을 해체하려고도 시도했음이 뚜렷하게 드러날 테다. 이미지에 대한 마주침의 가능성은 시각만이 아니라 청각이나 촉각에도 편재하고, 이미지의 힘은 '가시적인' 것을 초과한다. 다니자키 준이치로는 이 사실에 더없이 예민하고 충실하다. 그리고 그렇게 다니자키는 자기도 모르게 '시각예술'의 순박한 이상의 이상을 향해 일찍이, 홀연히 빠져나간다.

애매한 어둠 속에서 살며

청탁을 위한 전화 통화에서 《자음과모음》의 주제 '이것은 퀴어문학입니다'를 듣자마자 내 머릿속은 반으로 갈라졌다. 한쪽은 전화기로 넘어오는 요청받은 원고에 대한 설명을 잘 붙잡으려 애썼고, 다른 한쪽은 2016년으로 돌아가고 있었다. 왜 하필 2016년인가? 그 유명한 「아가씨」가 개봉한 해이기 때문이다. 좀 설명이 필요할 듯싶다.

당신이 기억하고 있을지 모르겠지만, 당시 「아가씨」를 둘러싸고 트위터를 비롯한 여러 '퀴어판'에서 논쟁(이라기보다는 주장의 교차 정도에 그친 것)이 오간 적이 있다. 논쟁의 주제는 '「아가씨」는 퀴어 영화인가'였고, 나는 아니라는 쪽이었다. 퀴어 영화가 맞다는 쪽에서는 레즈비언 캐릭터가 주인공으로 등장하고 그 캐릭터가 기존의 남근적 성애 구조를 무너뜨리는데 어떻게 퀴어 영화가 아니냐고 말했으며, 개중에는 아예 이렇게 논쟁의 대상이 된다는 것만으로도 「아가씨」를 충분히 퀴어 영화라 할 수 있다 주장하는 이도 있었다. 반대로 퀴어 영화가 아니라는 쪽은, 대략적으로만 같은 의견이었고 그 안에는 내가 동의하지 않는 말도 많았으니 (가령 '퀴어와 사회 간의 마찰에서 발생하는 레즈비언의 디아스포라를 비약적으로 넘겨 버렸다'는 비난은 주의를 기울일 가치가 없다.) 당시의 내 의견만 적자면, 퀴어 캐릭터가 중요하게 등장한다고 해서 꼭 퀴어 영화인 것은 아니며, 더군다나 「아가씨」에서 레즈비언은 이를테면 다니자키 준이치로의 소설에 주로 나오는, 몰락의 에로틱함을 형성하기 위해 사용된 광폭한 여성상의 변주에 그친다고 말했다. 즉 히데코(김민희 분)를 누구도 소유할 수 없는 '신비한 타자'로 승화시키기 위해 레즈비언이라는 소재를 적절히 끌어들였을 뿐이라는 것이다. 하지만 이 말들은 제대로 된 논쟁으로 서지 못하고 그저 서로의 견해 차이를 확인하는 데에서 그쳤다.

지금 이 자리에서 돌아보면, 당시의 내 입장은 어느 정도 수정이 필요해 보인다. 「아가씨」에 대한 감상이 부정에서 긍정으로 바뀌었다는 게 아니다. 나는 자문한다. 「아가씨」가 '이상적인' 퀴어 영화가 아니라는 판단이 곧장 퀴어 영화가 아니라는 단정으로 이어져도 괜찮은 걸까? 「아가씨」가 하여튼 간에 '퀴어성'이라 할 만한 것을 끌어들여 주요하게 사용한 건 분명하니 말이다. 정전에 등재될 만큼의 수준을 담보하지 않은 작품을 부정하는 것은 달리 쓰자면 거대하고 불균질한 세계를 자기 한계에 맞춰 이해하기 위해 '도살장'[1]을 양산하는 행위이다. 물론 이는 역사 구성에 있어 자연스럽고 불가결한 발로이지만, '도살장'이 무자각적으로 무수히 양산될 때 그 행위의 주체는 결국 자신이 제대로 다룰 수 있는 범위는 물론 자신이 옹호하는 개념의 의미마저 축소/고착시키는 수구적 엘리트주의로 빠지기 마련이다. 게다가 그것이 간단히 '성 소수자'의 번역어가 아니라 기존 사회 안에서 다양성과 차이를 유연하게 가로지르는 '상상된 공동체'[2] 개념인

---

1   Franco Moretti, "The Slaughterhouse of Literature", *Modern Language Quarterly* 61:1, 2000, pp.207~227.

2   Rosemarie Garland-Thomson and Martha Stoddard Homles, "Introduction", *Journal of Medical Humanities* 26:2-3, 2005, pp.73~77.

'퀴어'라면 더더욱 그렇다. 범주를 리그처럼 굴리는 것에는 이런 문제가 있다.

여기에서 나는 앞서 언급한 퀴어성에 대한 주장 '논쟁의 대상이 된다는 것만으로도 충분히 퀴어 영화라 할 수 있다'를 상기한다. 물론 성적 다수자인 시스젠더-헤테로는 퀴어적 경험과 어떤 접점도 갖지 않으리라 섣불리 단정하고 있다는 점에서 이는 지나치게 순진하며 나아가서는 무책임하기까지 한 생각이다. 이에 따르면 미래한국당의 '핑크 챌린지'[3] 역시 기독교 관계자들에게 '퀴어하다'는 비난을 받았으니 퀴어적 퍼포먼스에 포함될 것이다. 일정한 분량의 텍스트에 대한 (무제한적인) '사용'과 (한정적인) '해석'[4]은 서로 다를뿐더러 더군다나 이런 정의는 '퀴어'라는 라벨이 라벨로 성립되기 위해

3 현일훈, 「원유철 '핑크 가발' 때아닌 퀴어 논란…… 황교안 "꼭 써야 하나"」, 《중앙일보》, 2020년 4월 9일 자.

4 이 용어를 먼저 제시한 것은 움베르토 에코다. 움베르토 에코, 김운찬 옮김, 『이야기 속의 독자』(열린책들, 2009), 93~95쪽. 인기 소년 만화 『하이큐!!』(2012~2020)를 예로 들자면, 극 안에서는 그저 한 번 인사했을 뿐인 쿠로오 테츠오와 사와무라 다이치를 가지고 그려지지 않은 부분을 상상하며 BL 동인지를 만드는 것이 '사용'이라면, 캐릭터들의 관계 속에서 호모에로틱한 기류가 억압된 상태로 떠돈다고 지적하는 것은 '해석'이다. 그런데 비평이라는 것은 종종 양자 사이에서 진동하려 들곤 한다.

거쳐 온 역사적 맥락(개념으로서의 게이의 발명, 캠프 문화, HIV/AIDS 위기, 정신 질환 목록 내 동성애/트랜스젠더 문항 삭제 투쟁 등)과 그로 인한 정치성을 모조리 소거하고 라벨의 대상을 확장하기만 한다. 이는 결국 당사자의 발화 조건을 지울 위험이 있다는 점에서 '정책적'으로도 부주의한 사고다. '누구든 퀴어가 될 수 있다'와 '누구든 퀴어다'는 전혀 다르다.[5] 그렇지만 여기에서 가져갈 만한 생각이 아예 없는 것은 아닌데, 특정한 형식의 조합이 곧장 '퀴어한 것'으로 성립되는 것은 아니며 그러기 위해서는 수용자라는 항을 매개해야만 한다는 전제 조건이 그것이다.

"퀴어 소설의 문제의식은 …… 자신의 정체성

[5] 여기에서 질문이 제기될 수 있다. '그렇다면 국내 래디컬 페미니스트들의 정치적 레즈비언/에이섹슈얼 정체화는 어떤가? 그들도 퀴어인가?' 결론부터 얘기하자면 나는 그들 역시 퀴어라고 할 수 있다, 해야 한다는 입장이다. 전략적 의도 속에서 이뤄진 행위라면 그것은 전적으로 거짓된 생각인가? 퀴어가 되고 싶어 하는 욕망은 그 자체로 그릇된 욕망인가? '언어 빼앗기'라든가 '퀴어의 고유한 특질' 같은 방어적 관점들은 퀴어의 본질성에만 천착함으로써 저들에 대한 제대로 된 비판이 되지 못하고 자기 얼굴에 침을 뱉는 수준에 머문다. 그들이 퀴어인지 아닌지에 대해 엄밀하게 논하기보다는, 그들 역시 퀴어라고 할 때 '퀴어'라는 범주가 가질 모순과 변곡점에 대해 논하는 게 필요할 것이다.

을 '퀴어한 것'으로 인식하는 이 사회의 질서에 문제를 제기하는 데 있다고 보는 것이 더 정확하지 않을까."[6]라는 오혜진의 물음은 이에 대한 좋은 대답이 된다. 즉 성 정치적 정상성의 잣대에 의해 모순, 곧 '퀴어한 것'으로 호명된[7] 일련의 경험과 제스처들을 어떻게 형식화해 의식적으로[8] 배치할 것인가가 문제가 되며, 만약 퀴어 예술이란 것이 존재한다면 오직 그러한 방식으로만 존재하는 것이다. 이때 배치는 크게 두 가지 층위의 씨름에 의해 제 뼈대를 갖추는데, 이를 이해하기 위해서는 앞서 퀴어를 '상상된 공동체' 개념이라 부른 것을 떠올릴 필요가 있다. 1990~1991년 사이 당시의 운동가/이론가들이 일련의 투쟁을 통해 성소수자를 비하

6   오혜진, 「지금 한국 문학장에서 '퀴어한 것'은 무엇인가: 한국 퀴어 서사의 퀴어 시민권/성원권에 대한 상상과 임계」, 『지극히 문학적인 취향』(오월의봄, 2019), 395쪽.

7   게일 루빈, 임옥희·조혜영·신혜수·허윤 옮김, 「성을 사유하기」, 『일탈』(현실문화, 2015), 348~350쪽. 아마도 이는 "여성 이론의 정교함을 위해선, 내 생각엔 남자들로 충분하다."(Irigaray 1985: 123)라고 말한 뤼스 이리가레를 '반복'한 결과일 것이다.

8   이는 작가 개인의 정체화나 커밍아웃에 대한 말(만)은 아닌데, 이런 관점을 아크로바틱하게 밀고 나간 최근의 국내 연구 사례를 꼽는다면 윤조원의 논문 「타자/텍스트의 불가사의(enigma)와 퀴어한 읽기: 「바틀비」와 바틀비」를 거론하고 싶다.

하는 혐오적 속어였던 퀴어를 전유한 이래[9] 이 이름은 개별 정체성으로서의 성소수자와, 당대의 정상성의 질서를 교란시키는 상태로서의 변태를 겹쳐 둔 채 아우르는 역할을 했다. 그리고 그동안 퀴어를 정치적 의제로 끌어올리려는 흐름은 둘 중 무엇을 기반으로 인식적 프레임을 짤 것인가의 씨름으로 이루어져 온 것이다.(동성 결혼 법제화를 둘러싼 논쟁들을 떠올려 보라.)

예술의 영역 안에서도 마찬가지인데, 이를 찢어서 좀 단순하게 성 소수자 층위와 변태 층위라고 명명하고 분류해 보자. 성 소수자인 인물 혹은 그(들)의 문화 코드를 사회 안에서 드러내고 설명/명명하고 실현시키려는, 다양성에의 의지를 중점적으로 내비치는 작품들은 성 소수자 층위가 좀 더 두드러진 결과일 것이다. 여기에서 정상성은 올바른 분배의 대상이다. 한편 당대의 정상성에 어긋나는 형식을 통해 그것을 희롱하고 조소하고 해체하려 하는, 차이에의 의지를 중점적으로 내비치는 작

---

9   David M. Halperin, "The Normalization of Queer Theory", *Journal of Homosexuality* 45, No.2~4, September, 2003, pp.339~344; 허성원, 「한국 퀴어 퍼레이드와 정동 정치」, 서울대학교 대학원 석사 학위 논문, 21쪽.

품들은 변태 층위가 더 두드러진 결과일 것이다. 이는 전자보다 (특정 행동이 위치한 시공에 따라 그 의미도 달라진다는 점에서) 유동적이고 복잡하다. 이러한 맥락에서 우리는 '신비한 타자'로 레즈비언을 다루는 「아가씨」나 퀴어(를 비롯한 여러 사회적 소수자)를 '일반적인' 캐릭터로 묘사하려 애쓰는 넷플릭스 드라마 「오티스의 비밀 상담소(Sex Education)」 (2019~)를 전자에 따라서, 또 '구체적인' 성 소수자 캐릭터는 등장하지 않지만 각자의 방식으로 젠더 이원론의 근간을 뒤흔들려 드는 아피찻퐁 위라세타꾼의 영화 「친애하는 당신(สุดเสน่หา)」(2002)이나 가쇼이의 소설 『아잘드』(어패류, 2019)를 후자에 따라서 하여튼 퀴어 예술이라 부를 수 있을 것이다. 이토록 불균질한 범주. 오해를 피하기 위해 서둘러 말하건대 나는 작품들을 정확히 나눌 분류를 제시하고자 하는 것이 아니며 또한 무엇이 더 윤리적인지 분간해서 한쪽을 기각하기 위해 이 같은 분류를 사용한 것도 아니다. 성 소수자 층위만 남는다면 퀴어는 단지 정상성을 분배받은 개성적인 라이프스타일 중 하나에 불과해질 테고(물론 이를 지향하는 이들이 훨씬 많다.) 변태 층위만 남는다면 퀴어를 프레카리아트, 서발턴, 못 없는 자, 다중 등 여타의 정치적 주체화의 모델들과 굳이 구분할 필요가 없어질 것이다.[10] '퀴어'라는 이름이 존재하는 한 두 층위는 유지되어 끝없이 씨름할 수밖에 없다. 아니, 그래야 한다.

어느 정도의 동어 반복을 통해 강조하려 한 것은 결국 '그래야 한다'는 당위이다. 사실 나는 '퀴어적 영화'니 '퀴어적 소설'이니 하는 말을 보거나 들으면 종종 온몸에 소름이 돋곤 하는데, 왜냐하면 그런 말의 절대다수는 소수적인 것(변태 층위)을 곧장 '바깥'을 향한 전복적 수단으로 삼는 치명적인 오류를 범하기 때문이다. 지금 나는 이런 측면에서 나를 소름 돋게 만든 두 가지 비평적 사례를 떠올리고 있다. 양경언이 2019년 11월 발표한 「시는 퀴어하다」를 읽으면서 든 위화감은 그가 구성적 외부로서의 퀴어의 위치를 정치적 전복성으로 전환하기 위해 시의 퀴어성("'낯설게 하기'라는 요소를 통해 시가 쓰여 왔으므로 '시는 이미 퀴어한 것'이라고 말할 수

---

10   퀴어 퍼포먼스 이론가인 호세 에스테반 무뇨스처럼 성 정치 이외에도 자본, 인종, 가부장제, 장애 등 정상성을 유지하려는 온갖 구조적 역학의 네트워크에 의해 발생한 소수자 일체를 퀴어로 호명하는 이도 있긴 하나, 이는 퀴어에서 정상성에의 추구를 분리하려는 전략의 일환으로 이해해야 한다.

있을까?")과 퀴어의 보편성("정체성이 형성되는 ……
소위 '트랜스'적인 상태의 존재는 지금 살아 있는 우리
모두의 현존 상태")[11]을 논하는 데에서 왔다. 양경언
은 잠재성과 형식을 분간하지 못하고 섣불리 동일
시한다. 다시 말하건대 '누구든 퀴어가 될 수 있다'
와 '누구든 퀴어다'는 전혀 다르다.

　'동성애에의 열망을 폐제(foreclosure)해야만
성립되는 (우울증적인) 이성애 구조'라는 1990년대
주디스 버틀러의 도식[12]을 은연중에 끌어들이면서
정작 그 핵심적 논리, 즉 구성적 외부란 구조에 대
한 특이점이 아니라 이미 항상 '내부'에 버무려져
있는 모순임을 간과한 것이 이 글의 패착이라 할
수 있다. 그의 말대로라면 한때 반동성애 운동을
지지했지만 지금은 (일말의 사과 없이) 게이로 커밍
아웃하고서 '인스타 게이'들과 파티를 즐기고 다니
는 전 공화당 의원 에런 쇼크 역시 공화당 남성 의
원에 대한 고정 관념을 뒤흔들고 있으므로 그 존재

11　양경언, 「시는 퀴어하다」, 『2019 무지개책갈피 퀴어문학 포럼
　　자료집』(2019), 32쪽.

12　주디스 버틀러, 강경덕·김세서리아 옮김, 『권력의 정신적 삶:
　　예속화의 이론들』(그린비, 2019), 5장 「우울증적 젠더/거부된
　　동일화」 참조.

자체로 전복적일 것이다. 그런데 그렇다면 대관절 우리가 대적해야 할 성 정치적 정상성은 어디에 있는가?[13] 문학 속 퀴어에 대한 기존의 '시혜적' 독법에 "정치적 투쟁의 필요를 소거한 채 이미 존재하는 감각적 분배의 부도덕성만을 윤리적으로 관조하는 것으로 그 몫을 스스로 제한해 왔던 것은 아닌지를 확인하게 되는지도 모른다."[14]라고 일갈을 날리던 그의 결론이 이런 것이라면 실망하지 않을 수 없다.

한편 서동진은 「'퀴어 문학'이라는 이 씨앗을 어떻게 수확하면 좋을까」라는 글에서 "미적 현실로 이항된 퀴어", 즉 퀴어가 정상성을 분배받은 개성적인 라이프스타일 중 하나가 되려 하는 작금의 현상에 맞서 "성 혁명 시대의 자유분방함"[15]을 옹호한다.(그가 '대표적' 퀴어만을 논의의 대상으로 삼고

---

13   '호모내셔널리즘'을 논하는 재스비어 푸아의 작업은 이런 관점에 대한 좋은 교정점이 된다. Jasbir Puar, Terrorist Assemblages: Homonationalism in Queer Times(Durham & London: Duke University Press, 2007).

14   양경언, 「미래(彌來), 미래(美來), 미래(未來): 퀴어 비평의 가능성과 조건들」,《크릿터》1호 '페미니즘'(민음사, 2019), 54쪽.

15   서동진, 「'퀴어 문학'이라는 이 씨앗을 어떻게 수확하면 좋을까」, 웹진《SEMINAR》2호.

있는 건 일단 차치하자.) 그에게는 이러한 변태성이야말로 정상성이 포용할 수 없는 잉여이며 고로 퀴어의 위치를 정치적 전복성으로 전환하는 주요 형식이다. 그가 이전의 작업에서도 끈질기게 하던 말이고, 또 섹슈얼리티의 자유가 그 자체로 '적폐'로 여겨지며 억압되는 현재의 상황을 염두에 둘 때(게이 클럽이나 '찜방'처럼 성적 접촉이 일어나는 크루징 공간에서 코로나19 확진자가 발생하자 '정체성과 행위는 별개'라고 재빨리 선을 긋던 이들을 떠올려 보라.) 일차적으로는 맞는 논리이나, 그렇다고 해서 의문이 생기지 않는 건 아니다. 내게는 여기에서 '자유분방한' 성적 하위 문화에 대한 옹호를 고집하는 그가 지나치게 고집을 부리는 것처럼 보이는데, 왜냐하면 퀴어라는 이름을 재인간화[16]하는 데 꼭 섹슈얼리티의 자유만이 유일한 형식은 아닐 터이기 때문이다. 오히려 이런 식의 옹호는 과잉 성애화가 퀴어 커뮤니티 내부를 지정 성별/외모/인종/지역의

16   이는 알렉세이 유르착의 『모든 것은 영원했다, 사라지기 전까지는: 소비에트의 마지막 세대』(문학과지성사, 2019)에서 빌린 개념이다. 유르착은 특정 담론의 의미화 작용이 개별 인간의 행위를 앞서고 포괄하고 집어삼켜 버리는 것에 저항해 담론을 걷어내고 의미화하기 힘든 개별 인간의 행위로 돌아가려는 자신의 작업을 이렇게 명명한다.

기울어진 운동장으로 만드는 핵심 이데올로기임을 그냥 지나치진 않는가?[17] 퀴어 '진정성'의 표지로서의 섹스, 곧 '위반의 규칙화'(리타 펠스키) 자유에 대해 말할 때 우리는 그 자유가 어떤 격차를 기반으로 성립되고 있지는 않은지 먼저 주의하고 비판해야 한다. 요컨대 양경언이 정체성을 (보편성이란 명목으로) 지나치게 경시한다면 서동진은 (성애화에 대한 낙관으로) 지나치게 물화하는 것이다. 그는 라이너 베르너 파스빈더의 (게이 내부의 계급 차이로 인한 파국을 다룬) 영화 「폭스와 그의 친구들(Faustrecht der Freiheit)을 옹호하고 ("동성애자라는 어떤 부족의 쓰라리고 애틋한 삶에 대한 인류학적 보고"에 머무는) 박상영의 소설을 은근히 비판하면서 "성 소수자라는 전체의 신화를 부인하며 그들 내부의 차이와 갈등을 세계의 다른 갈등과 …… '교차'시킬" 때 그의 소설은 게이 민족지가 아니라 퀴어 문학이

17 "최근 스페이시(와 나)와 동갑인 나의 게이 친구 하나에게 '게이 바나 클럽에서 아무도 나를 만지려고 하지 않는다면 화가 날 것'이란 얘기를 들었다. 게이 문화의 이런 측면은 성희롱이나 성폭력을 어느 정도로 인종화하는가?" Ian Barnard, "Queer: Good Gay, Bad Gay, Black Gay, White Gay?", *QED: A Journal in GLBTQ Worldmaking* Vol.5, No.2, Summer 2018, p.108.

될 것이다."[18]라고 결론짓는다. 이때 불화라는 개념은 앞에서 성적인 '자유분방함'을 전적으로 옹호하던 그의 말과 충돌하여 아주 좁은 범위, 즉 텍스트(예술 작품 혹은 사회) 속 주체의 미시적인 실천 차원에서의 '불화'에 고착될 것이다. 서동진이 저 글에서 처한 모순을 해결해 밀고 나가야 한다. 그러니까 퀴어 안의 모순을 끄집어내고 배치해서 퀴어를 쇄신하기. 그런데 어떻게?

그것이 사회적 소수자든 특정한 구조적 역학이든, 기존의 '현실적' 구조 속에서 제대로 상징화되지 못한 것들이 구조에서 억지로, 거의 내던져지듯 현시될 때의 혼란 혹은 왜곡은 저 상징화되지 못한 것들이 그 자신의 위상으로 인해 얻은 정치적 힘의 흔적이다. (거칠게 정리하자면) 각각의 영역에서 서로 다르게 나타나는 이런 흔적의 정체를 규명하고 구체적으로 이론화하는 것이 그동안의 (정치) 철학의 주된 목적이요 과제였으며,(가령 "모든 여자들이 입을 열면 세상이 무너질 것" 같은 말[19]은 '페미니

<hr>

18   서동진, 앞의 글.
19   이는 미국의 시인 뮤리얼 루카이저의 시 「Käthe Kollwitz」의 유명한 구절 "What would happen if one woman told the truth about/ her life?/ The world would split open"이 퍼지면

즘 리부트' 이후의 실천의 영역에서 이러한 논리가 가진 여전한 설득력을 입증한다.) 앞서 언급한 두 비평적 사례 역시 암묵적으로 이 논리를 긍정적 배경으로 깔고서 퀴어에 전복적 역량을 부여하려 든다. 하지만 여기까지 온 우리는 반문할 수밖에 없다. 그런 역량조차 얻지 못하는 경우가 과연 없을까? 자신의 경험을 '인상적인' 형식으로 상징화할 방법을 찾지 못한, 아니 어떻게 상징화한다 한들 구조에 대해 제대로 된 전복의 정조를 띠지 못할 '미미한' 경험과 제스처들 말이다. 바이섹슈얼이나 논모노섹슈얼(non-monosexual)처럼 자기 형식을 갖기 어려운 이들은 어떨까? 아니, 굳이 멀리 갈 필요도 없다. '여성스러움'을 과잉으로 수행하는 등 TERF(트랜스젠더를 배제하는 래디컬 페미니스트)들이 비난하는 것과 판박이로 '빻은' MTF 트랜스젠더는? 게이라는 말도 모른 채 스스로를 '이반'이라 부르고 섹스에도 관심이 없는 한국의 중장년 남성애자 남성은?(당연하지만 더 비가시화된 퀴어가 꼭 더 심화된 차별을 받는다고 말하는 게 아니다.) 말하자면 이들은 영

서 와전된 결과인데, 이러한 와전은 원전의 훼손이 외려 선동을 위한 '창조적인' 방식이 됨을 보여 준다는 점에서 훼손의 미적인 가능성을 암시한다.

토화된 퀴어 내부를 불편하고 불순하게 만드는 모순인 셈이다. 그렇다고 해서 이들을 비난하거나 아예 없는 것처럼 대하는 건, 결국 퀴어란 (각각의 정체성이든 퀴어라는 커다란 범주든 간에) 적은 요소만을 공유하는 이산적 개인들의 불통합적 집합이란 사실에 억지로 눈과 귀를 막는 것과 다르지 않을 터. 횡단 가능성을 쉽게 입에 올리는 것 역시 마찬가지다.

퀴어란 정상성을 이탈한 혹은 이탈하려는 자가 아니라 타의에 의해 교란하는 자이며, 고로 퀴어 의식은 퀴어로 살기 위해 견지해야 할 필수 조건이 아니다. 퀴어 수행성이란 언제나 구조 안에서 이루어질 수밖에 없기에 "어느 정도는 전복적이고, 어느 정도는 헤게모니적"[20]인 이중성을 갖고 있으며 고로 "젠더를 불안정하게 만드는 것(혹은 젠더의 계략이 드러나게 만드는 것)은 젠더를 전복하는 것과 같지 않다."[21]라는 이브 세지윅과 수재나 월터스의

---

20 Eve Kosofsky Sedgwick, "Queer and Now", *Tendencies* (London: Loutledge, 1993), p.15.

21 Suzanna Walters, "From Here to Queer: Radical Feminism, Postmodernism, and the Lesbian Menace (Or, Why Can't a Woman Be More like a Fag?)", *Journal of Women in Culture and Society* 21, No.4, Summer 1996, p.865.

말은 여기에서 그들의 의도와 상관없이 새로운 울림을 갖는다. 다시 말해 '이런 사람도 있고 저런 사람도 있어요.'라는 다양성에의 의지와 그에 따른 재현을 추구하자는 게 아니라, 이러한 사실을 직시해야만 변태적 전복 대 정상성으로의 편입이라는 가짜 문제를 기각하고 모순으로 가득 찬 퀴어를 바탕으로 하는 이야기 방식을 구상할 수 있으리라는 것이다.

성 소수자 층위와 변태 층위의 씨름은 말 그대로 끝없이 펼쳐져야 한다. 하지만 정말로 그러기 위해서는 '규칙화'된 소위 퀴어적 형식들을 해체하는 작업이 필요할 것이다. 가령 과잉 성애화에 대한 경계와 비판. 이 말이 부당하게 느껴질 수도 있을 텐데, 뉴욕 미술계도 아니고 이제사 동성애자들의 섹슈얼리티를 다루는 작업들이 하나둘 등장하기 시작하는 한국 안에서[22] 그런 주장을 하는 건 확실히 성급한 짓일지도 모른다. 그러나 나는 퀴어 담론에서 섹슈얼리티의 자유를 배제하자고 할 생각이 없으며(오히려 그 가치의 열렬한 옹호자에 가깝

---

22   남웅, 「동시대 퀴어 예술의 예속과 불화」, 웹진 《SEMINAR》 2호 참조.

다.) 다만 이를 옹호하는 한편 그것이 유일한 '퀴어적' 형식으로 고착되지 않게끔 유의하면서, 나아가 퀴어적 형식이라는 것들에 지나치게 기대지 않으면서 퀴어를 지시하고 구성할 방법 그리고 그 안에서 가능할 저항의 방법을 고민하는 것뿐이다.(물론 이 역시 영토화되지 않으리라는 법은 없다.)[23] 말하자면 '덜 퀴어한' 퀴어들을 옹호하기.[24]

애석하게도 나의 문제의식과 공명하는 픽션은 거의 찾아보기 힘든데, 2019년 부산국제영화제에서 「진실과 거짓 사이」라는 제목으로 한 번 상영된 (이후 한국 땅 그 어디에서도 볼 기회가 없던) 「포트 어소리티(Port Authority)」(2019)는 그 몇 안 되는 사례다. 이 영화는 백인-이성애자-홈리스-남성 커뮤니티와 흑인-퀴어-볼룸(ballroom) 커뮤니티를 낮

---

23 다른 언어/형식을 발명하기에 집착하는 건 어쩌면 정치적 객체의 우위에 대한 기피 심리에 기인한 것일지도 모른다.

24 여기에서 다음과 같은 반문이 제기될 수 있다. '이른바 "퀴어적" 경험에 맞지 않는 각각의 경험을 "미미"하고 "덜 퀴어한" 것으로 쉽게 치환해도 괜찮은가? 그런 방식은 이분법의 구도를 재요청하는 결과로 향하지 않는가?' 물론 나 역시 그런 논리의 위험을 인지하고 있으며, 이 글에서는 '퀴어적' 형식들을 해체한다는 명목 아래 정당화할 수 있으나 좀 더 포괄적인 논의를 진행할 때에는 지양해야 할 것이다.

©Momentum Pictures

과 밤의 구도로 분리하고 그 사이를 배회하는 의뭉
스러운 백인 소년 폴(핀 화이트헤드 분)을 쫓아간다.
그 분리와 짙은 색감의 조명, 일렉트로니카 OST
등의 형식이 형성하는 몽환적 무드 속에서 일견 최
근의 텀블러/인스타그램 룩에 편승한 흔해 빠진
'청춘 영화'처럼 보이기도 하나, 그것이 상징화된
삶들 속에서 자신을 상징화할 온전한 형식을 찾지
못한 퀴어[25]의 불안정성을 지시하기 위한 장치임
이 드러나면서 영화는 전혀 다른 인상을 준다.

---

25   많은 관객들이 폴을 이성애자-남성으로 인지하지만 사실 이는
      명확하지 않다. 영화를 보지 못한 많은 이들을 위해 간략하게만
      설명하면, 폴이 다양한 퀴어적 형식에 끌리는 이유가 영화 안에
      서 제대로 설명되지 않기 때문이다.

「달빛(Moonlight)」(2016)의 지루한 휘황찬란함은, 남성성이 구성된 것이라면 퀴어성 역시 마찬가지임을 알지 못하는 지나친 자기 확신의 발로이고, 「타오르는 여자의 초상(Le Portrait de la jeune-fille en feu)」(2019)의 짜증 나는 순진함은 퀴어(의 관계)를 이상화한 1980년대 말~1990년대 초 서구-백인-동성애 미학 담론의 실패의 몰지각한 반복에 불과하다. 그에 비해 「포트 어소리티」는 퀴어 개인이 퀴어적 형식을 초과한 채 존재할 수 있음을, 즉 퀴어라는 이름의 불가능성을 보여 주며 그 불가능성 안에서 다시/새로 관계를 맺을 방법을 (불완전하게라도) 희망한다. 이는 특히 마지막 장면에서 아찔할 만큼 적나라하게 제시되는데, 아마도 영화를 아직 보지 못했을 당신을 위해 자세한 설명은 생략한다. 하지만 이 영화가 '덜 퀴어한' 퀴어들을 위한 몇 안 되는 영화라는 사실만큼은 당신께 확실히 말할 수 있다. 이 영화를 당신과 함께 볼 수 있다면 좋으련만.[26]

---

26 2021년 3월 말부터 이 영화는 부산국제영화제 상영 당시의 제목인 「진실과 거짓 사이」로 OTT 서비스 왓챠에서 서비스 중이다.

정당화하는 관점

—임흥순에 대한 불만

오늘 이 자리에서 저는 임흥순 작가의 작업들에 대해 한 가지 얘기를 풀어 보고자 합니다. 임흥순 작가에 대한 발제를 해 달라는 마테리알 측의 요청을 받은 건 2022년 2월 말입니다만, 어쩌면 오늘 제 발제는 2019년부터 조금씩조금씩 준비된 것일 수도 있겠다는 생각이 듭니다. 무슨 말인고 하니, 마테리알에서 저에게 이 주제를 맡기기로 결정한 것이 제가 지난 2019년 말에 쓴 한 트윗 때문이기에 그렇습니다. 해당 트윗을 수정 없이 그대로 읽어드리겠습니다.

내 생각엔 임흥순을 잘 박살 내는 게 중요한 것 같다. 그를 조져 버려야 '이다음'이라는 정당성을 쟁취할 수 있을 것 같다.(2019년 12월 9일 자 트윗.)

지금 돌이켜 보면 이 트윗이 표출하는 과장된 적의가 부끄럽습니다만, 그럼에도 뜻에 있어서는 생각이 변한 바가 없습니다. 여기에서 방점이 찍혀 설명되어야 하는 건 '잘 박살 내는' 것, 그리고 ''이 다음'이라는 정당성'일 것 같습니다. 또 이 트윗은 임홍순의 작업에 대한 적의와 함께 임홍순의 작업에 대한 세간의 인식에 대한 적의를 포괄하고 있기도 합니다.

역사와 기억을 얽는 작업

여기 계신 분들이야 임홍순이라는 작가에 대해 어느 정도 알고 있으리라 생각하지만, 발제의 충분한 설득력을 위해 임홍순이 어떤 작가인지 충분히 논할 필요를 느낍니다. 먼저 그를 아는 거의 모든 이들이 충분히 동의할 그의 특성이 무엇인지 생각해 보죠. 「위로공단」(2014)이 베니스 비엔날레에서 은사자상을 받아 세간에서 적잖은 화제가 되었을 때, 누군가는 이 영화가 한국 여성 노동운동에 대한 '정확한' 정보의 차원에서라면 노동운동가와 대중

모두 불만족할 수밖에 없는 영화라고 했습니다. 확실히 임흥순은 『귀국박스』(2008)나 『우리를 갈라놓는 것들』(2017) 같은 전시를 아카이브 형식으로 진행하기도 했으나, 제주 4.3 사건이나 이른바 공순이들에 대한 '정확한' 역사적 정보를 더 알고 싶다면 그의 작품은 큰 도움이 되지는 않을 거예요. 하지만 이건 어디까지나 불만에 그치는 말입니다. 예술작품과 연구 자료를 동일시하는 태도는 둘째 치더라도, 임흥순의 작업의 목표와 유효성은 엄연히 다른 지점을 향하고 있으니 말이죠.

임흥순은 「비념」(2012)에서 제주 4.3 사건을 '1940년대 후반 제주도에서 자행된 국가 폭력과 그에 대한 항쟁을 포괄해 이르는 말'로 다루지 않습니다. 또 두 편의 「좋은 빛, 좋은 공기」(2018/2021)에서도 광주 민주화 운동을 '1980년 5월 광주 시민들이 신군부 세력의 폭압에 맞서 펼친 항쟁을 이르는 말'로 다루지 않죠. 그럼 무얼 하느냐? 우리는 전자에서 4.3 사건의 영향이 오늘날의 일본 오사카에서도 발견되며 또한 4.3 사건 당시 국가권력의 논리가 수십 년 후 제주 해군기지 건설 현장에서 '반복'되고 있음을, 후자에서는 한국의 광주와 아르헨티나의 부에노스아이레스 각자의 제노사이드 그리고 그 이후 세대의 삶이 서로 교환 가능한 성질을 갖고 있음을 봅니다. 또한 임흥순은 화이트 큐브로 들어갈 때는 멀티스크린을 참으로 애용하는데요. 영화미디어학자 김지훈이 지적했듯 임흥순의 멀티스크린은 "다수적인 관계"를 공통의 공간에 제시함으로서 "이데올로기가 과거와 현재를 넘나드는 시간적 축은 물론 국가적, 지리적 경계를 초월하는 공간적, 지정학적 축에서도 작동했음을 암시"하는 역할을 수행합니다.[1] 여기에 그가 싱글채널 작업에선 서로 다른 위상의 장면들, 가령 인터뷰와 퍼포먼스 신과 소위 인서트라고들 부르는 잉여적인 숏들을 연쇄시키는 불균질한 배열을 취해 왔다는 사실도 함께 거론해야겠죠. 간단히 말해 임흥순은 한반도를 중심으로 특정한 역사적 사건에 대한 담론적인 경청을 풀어 상이한 사건들을 함께 묶는 예술가라 할 수 있겠습니다.

그렇다면 이런 아이디어가 어째서 상찬의 대상이 될까요. 앞서 말한 반복과 서로 교환 가능한

---

[1] 김지훈, 「멀티스크린 인터페이스와 재연의 효과: 임흥순의 「우리를 갈라놓는 것들」」, 《다큐매거진 DOCKING》, 2018년 3월 26일.(http://www.dockingmagazine.com/contents/10/61/?b-k=main)

성질을 곱씹을 필요가 있습니다. 임흥순에 대한 흔한 평 중 하나는 '거대한 역사의 담론 안에 지워졌던 개개인의 이야기에 귀 기울인다'는 건데요. 이런 서술은 꽤나 큰 위험을 내포하고 있습니다. 임흥순이 역사와 기억을 대립시켜 이데올로기를 넘어선 정동을 무조건적으로 지향하는 것처럼 읽힐 수 있기 때문인데, 그는 그런 작업을 하지 않을뿐더러 이런 논리는 기억이 그리고 경험이 언제나 어떤 식으로든 매개되어 우리에게 주어진다는 사실을 진부하고 순진하게 간과할 뿐이죠. 평론가 서동진은 「위로공단」 개봉 당시 남긴 리뷰에서 이 점에 대해 좀 더 세밀하게 접근하고 있습니다.

> 역사의 소멸과 기억의 범람이라는 오늘날의 '포스트-역사주의적'인 시간 경험의 지평에서 「위로공단」은 자신의 독특한 자리를 마련한다. 이는 의류공장 여공의 삶을 통해 신산스러운 한국 현대사의 역사 속으로 입장하고자 하면서도 그것을 그에 참여하고 연루되었던 개인들의 파란만장한 개인적인 심적 외상과 기억의 서사와 중첩시킨다. 그런 점에서 이 작품은 역사를 잊은 기억의 서사에 참여하길 주저한다. 그리고 기억과 역사라는 대립적인 서사

적인 장력 사이에서 뒤척인다. 「위로공단」은 역사에 등을 돌린 기억으로 향하지도 않고, 그렇다고 역사의 편에서 기억을 거부하지도 않는다. …… 외환위기는 나와 너의 기억 속에 있지 않다. 그것은 기억을 넘어선, 의식하고 경험할 수 있는 것 너머에 있다. 그러나 그것을 반성하고 의식할 수 있는 대상으로 만들어 내는 것도 역시 기억에 달려 있다. 그러므로 기억을 얕잡아 보는 것은 불철저할 수밖에 없다. 그러므로 기억을 다그쳐 역사에 이르도록 하여야 한다.[2]

역사 없는 기억은 맹목적이고, 기억 없는 역사는 창백하죠. 역사와 기억을 대립시키는 대신 임흥순은 역사와 기억을 얽으며 사건과 그것들의 조건을 바라보고자 합니다. 이를 위해 임흥순이 동원하는 건 물론 그의 허구적 터치죠. 흔히들 퍼포먼스 신(scene)이나 재연이라고 일컫는 장면들이요. 임흥순의 작업에서 독특한 건, 분명 「그것이 알고 싶다」같은 탐사보도 TV 프로그램처럼 재연이나 꿈

2   서동진, 「우리는 눈물의 계곡을 넘을 수 있을까」, 造反有理(블로그, 2018년 1월 13일).

장면 같은 허구적 터치를 종종 가미하고 있음에도,
그것의 목적에 있어서는 관습적인 '재현'을 조금도
추구하지 않는다는 사실입니다. 「위로공단」이나
「려행」(2016)의 퍼포먼스 신 혹은 「환생」(2017)에
서 젊은 이란 배우들이 할머니를 연기하며 전쟁의
참상을 증언하는 장면을 떠올려 보죠. 잠깐 우회
하자면 미학자 양효실은 여기에서 "무능한 주체",
"아마추어"로서의 임흥순을 발견하는데요.[3]

임흥순은 그 선정적이고 폭력적인 사진을 보여 주
기에/착취하기에 앞서, 그러나 그 사진을 보여 주
어야 하는 윤리적 부담을 진정시키려는 듯, 자신이
만든 유사한 영상을 먼저 보여 준다. …… 즉 감독
이 창안한 미래와 역사적 사건의 순서가 뒤집혀 있
기에, 그가 본 미래(의 품) 안에 그 사진, 그 기억, 그
외상을 밀어 넣고 있기에, 우리는 그 끔찍한 사진을
소비하거나 구경할 수 없게 된다. 폭력에 대한 분노
가 다시 폭력을 낳는 데 기여하는 희생자 사진, 우
리의 나르시시스트적 공격성이 투사된 사진이 아니

3   양효실, 「누구나 당신인 곳, 인민의 시적 영상화」, 《다큐매거진 DOCKING》, 2019년 3월 28일.(http://dockingmagazine.com/contents/14/100/?bk=main)

라 생존자의 상처를 그 상처의 착취 없이 끌어안는 '희망'의 마음 덕분에, 우리도 모르게 상처가 조금 아무는, 마음이 조금 따뜻해지는 경험을 하고 있을 것이다.

이는 임흥순의 작업의 단점으로 지적되곤 하는 신파성을 정당화하기 위한 관점으로 보입니다. 하지만 이런 접근은, 물론 그 스스로도 "감독의 말을 경청하며 주관적으로, 다소 진부하게 해석"했다고 단서를 달고 있긴 하지만, 제 생각에는 임흥순의 유효성을 한없이 축소시킬 뿐더러 임흥순이 주어진 이미지와 말을 뒤틀기도 한다는 사실을 지나쳐 버립니다. 이게 전면화된 작업은 아마 모모세 아야와 협업한 결과물인 「교환일기」(2015~2018)일 겁니다. 하여튼, 임흥순의 작업 속 '재현'은 더 복잡한 얼개를 갖고 있죠. 이 지점을 한번 얘기해 보겠습니다.

잠재적인 공동체의 문제

극장판 「우리를 갈라놓는 것들」(2019)에서 임흥순은 '분열'이라는 주제를 붙잡고 항일 투쟁부터 탄핵

정국까지의 한반도 역사를 숨 가쁘게 가로지르며 그 사이의 반복을 발견 혹은 구축하려 합니다. 그런데 그 반복이란 역설적으로 언제나 간극의 형식을 통해서만 인식돼요. 예를 들어 산속에서 펼쳐지는 '환상적인' 재연 장면들은 그 환상적인 성질로 정정화의 과거를 자명하게 볼 수 있을 거라는 기대를 배반합니다. 그뿐 아니라 이후 재연 배우들이 과거와 실제로 연관을 가진 사람들(가령 정정화의 조카)을 만나고, 직접 인터뷰로 나서 스스로가 북한이탈주민임을, 그리고 각각의 장면들을 찍을 때 어떤 마음으로 임했는지를 고백하면서 '빨치산으로서 산을 넘은 정정화'와 '정정화-되기를 수행하기 위해 산을 넘은 박세현'과 '북한이탈주민으로서 산을 넘었을 강나라와 윤수현'이 교묘하고 복잡하게 묶이게 됩니다. 앞서 '역사와 기억을 읽는다'고 한 건 이런 장면을 두고 한 말로, 산을 넘는다는 경험은 나에게 내밀하면서도 타인에게 환유적인 이중구속, 곧 반복으로 재배열되는 거죠.

당연하지만 이는 재연 장면들에만 국한된 얘기가 아니고요. 평론가 곽영빈은 증언과 증언의 대상 사이의 간극이 전면화되는 「비념」의 장면들을 예로 들며 임홍순이 "반복은 언제나 있는 그대로

지각되지 않는다는 역설", 즉 외견상 그리고 시간
상 상이한 사건 사이의 연동을 발견 혹은 구축하
는 것의 난관을 오디오-비주얼의 환경에서 고민한
다고 씁니다.[4] 거꾸로 말하자면 임흥순의 허구적
터치가 정당화되는 배경이란 상이한 사건들을 함
께 묶을 수 있게끔 하는 어떤 힘이자 조건으로서의
'보편성(universality)'이라고 할 수 있겠죠.

　　그리고 보편성에 더해, 그는 항상 어떤 공동체
를 생각하고 갈망합니다. 평론가 정성일은 극장판
「우리를 갈라놓는 것들」을 두고 이렇게 말합니다.
"「우리를 갈라놓는 것들」은 우리를 이어 놓는 것
들을 찾는 중이다. 그러므로 안과 겉의 자리바꿈은
미학적 전복이 아니라 공동체의 존재 방식을 호소
하는 시도다."[5] 이 말을 더 확장해 임흥순의 궤적
자체에 적용할 수도 있을 겁니다. 그 스스로도 인
터뷰에서 공동체라는 낱말을 종종 쓰곤 하고요. 물
론 「호랑이 잡은 강건성 일병」(2014)같은 '사진적'

4　　곽영빈, 「페르/소나로서의 역사에 대한 반복강박: 임흥순과 오
　　　디오-비주얼 이미지」, 《한국예술연구》 제21호(2018), 214~219
　　　쪽.

5　　정성일, 「우리를 갈라놓는 것들」, 《다큐매거진 DOCKING》,
　　　2020년 1월 23일.(http://www.dockingmagazine.com/con-
　　　tents/18/135)

비디오 인스톨레이션이나 「북한산」(2015)같은 '1인 극'이 있다는 걸 모르는 건 아닙니다. 하지만 적어도 「비념」부터 「좋은 빛, 좋은 향기」에 이르는 장편 영화의 궤적은 기실 공동체에 대한 그의 갈망이 뚜렷해지는 과정이었지 않나요? 상이한 사건들 속에서, 그리고 동시에 보편성 위에서 살아가는 이들, 특히 여자들의 공동체 말이죠.

다만 이 공동체의 방향성은 액티비스트적인 것도 아니고 자조 모임적인 것도 아니라서, 서로 마주치지 못하고 마주쳐도 아주 잠깐 동안만 함께 할 뿐입니다. 심지어는 서로가 존재한다는 걸 모르는 듯할 때도 있죠. 「좋은 빛, 좋은 향기」에서 두 나라의 할머니들의 각각의 인터뷰를 숏-리버스 숏 구도처럼 붙여 놓은 게 그런 사례입니다. 마치 그 자체로 독립적인 파편을 그러모아 보는 듯하죠. 하지만 임흥순은 서로 당장에 마주칠 수는 없더라도 하여튼 이들을 작업 안에서 하나로 묶어 놓기는 해야 한다고 믿습니다. 그것이 반복을 견디고 반복에 저항하는 데에 일조할 수 있으리라 생각하면서요. 저는 이런 공동체를 '잠재적인 공동체'라고 부르고 싶습니다. 지금까지 얘기한 것을 한마디로 정리하자면, 임흥순은 상이한 사건들을 관통하는 보편성을 찾고 또 그에 맞서고자 잠재적인 공동체를 찾는 작가라 할 수 있죠.

자, 그런데 바로 여기서부터 저는 임흥순을 의심스럽게 보게 됩니다. 잠재적인 공동체가 차이를 충분히 사유하지 못한다고 느껴지기 때문인데요. 이 얘기를 하기 위해서는 미술평론가 클레어 비숍의 저 유명한 글 「적대와 관계미학」(2004)[6]을 먼저 짚고 넘어가야 할 것 같습니다. 아주 거칠게 요약하자면, 준비된 임의의 공간에 이런저런 변수가 우발적으로 도입되는 과정을 하나의 작업으로 엮음으로써 정치성을 찾는 것으로서의 관계미학이라는 미적 개념 및 시도들을 두고, 비숍은 그것이 관계의 질과 구조를 질문에 부치지 않고 하여튼 겉보기에만 그럴싸한 열린 관계, 극히 부르주아적인 환대의 공동체를 조성하는 데에 급급하다고 비판합니다. 사회에 내재하는 불만, 불화, 적대를 적극적으로 폭로 및 반성하는 태도야말로 동시대 미술에 필요하다는 주장이죠. 물론 「적대와 관계미학」을 위시한 비숍의 기획에 한계가 없는 건 아니지만, 일

6   클레어 비숍, 이영욱 옮김, 「적대와 관계미학(Antagonism and Relational Aesthetics)」, 《호랑이의 도약》.(http://tigersprung.org/?p=1406)

단 이 논의에 기댄 채 말을 이어가겠습니다.

누군가는 「위로공단」을 보고 난 뒤 임흥순에게서 여성 노동의 고난이 직장 내 성차별이라는 심급에도 엮여 있다는 사실이 기피되고 있는 것 같다고 말했습니다. 즉 남자 없는 '여성성' 비판은 가능하냐고 반문하는 건데요. 엄연히 다른 방향성을 가진 작업에 대해 할 말이 아니라는 건 차치하더라도, 이는 이른바 '여성' 내부에서도 차이와 투쟁이 발생하며 그 역시 중요한 토픽이라는 사실을 간과할 뿐입니다. 그런데 생각해 보면 임흥순 역시 마찬가지이지 않나요? 저는 지금 「위로공단」의 마지막 시퀀스, 답십리의 동산을 함께 오르는 두 여자를 떠올리는 중입니다. 자매의 이미지와 겹쳐지며 어떤 우애의 감정을 자아내는 이 장면은 분명 여성노동자들 사이에 잠재적인 공동체가 필요하다고 호소하고 있습니다. 이 작품을 처음 봤을 때 저는 이런 결론을 도통 납득할 수가 없었어요. 한국의 여성노동자들과 베트남 출신 여성노동자들 사이의 잠재적인 공동체를 상상할 때 동질의 구조적 폭력이 가해지며 동질의 슬픔이 있다고 지적하는 게 과연 충분한 제스처일까요. 왜 반복이 다른 곳 다른 시간에서 나타났는지에 대해서는 살펴보지 않아도 괜찮은 걸까요. 풍부한 자기 이야기를 갖고 있는 대상들을 오히려 표백시킬 위험이 여기에 있지는 않을까요?

물론 베트남 전쟁에 대한 00년대 임흥순의 작업들, 「위로공단」이나 「환생」 같은 작품들도 한국의 권력이 한반도 밖에서 저지른 악행을 외면하지 않죠. 또 곽영빈의 지적처럼 '상이한 사건 사이의 연동을 발견 혹은 구축하는 것의 난관'을 다루는 작가로서 임흥순은 「좋은 빛, 좋은 공기」의 '쑥갓' 파트에서 VR 영상 제작을 위한 그린 스크린을 아무렇지 않게 노출하기도 합니다. '쑥갓' 파트는 흑백으로 진행되는 이 영화에서 유일하게 (초록색을 기준으로) 컬러로 전환되는 잠깐의 순간인데요. 여기서의 VR 영상이 과거의 사건을 상대의 도시에서 재연해 보는, 즉 사건의 교환 가능성을 시험해 보려는 시도임을 생각하면 그 함의는 뚜렷이 다가올 겁니다.

그럼에도 이런 요소들은 임흥순의 잠재적인 공동체를 완전히 정당화할 수 없습니다. 왜냐? 상이한 사건 사이에 반복을 찾아 그것을 겪는 각각의 여자들을 '무엇무엇 하는 여자'로 함께 호명할 때 그 여자들이 각각 어떤 조건에 둘러싸여 있는지를 깊이 파고들지 않기 때문입니다. 여자들 사이에 말이 통하지 않거나, 다른 이들과 비교할 때 꽤 다른 제스처를 보이는 인터뷰이를 따라가 보거나, 아예 공동체를 의심하고 원치 않는 이가 나온다거나 하는 상황을 임흥순에게서 기대할 수는 없습니다. 또 광주와 부에노스 아이레스 사이의 차이, 이란과 베트남의 차이, 캄보디아와 한국의 차이는 어디까지나 관객이 더 찾아봐야 할 부차적인 사안일 뿐이죠.

「좋은 빛, 좋은 공기」를 다시 예로 들자면, 호르헤 비델라 중심의 군부 정권에 의해 자행된 아르헨티나의 제노사이드, 그리고 신군부 세력에 의해서 자행된 광주에서의 제노사이드는 분명 다른 성격을 가지고 있습니다. 피해자들의 계급에서도 적잖이 차이가 나는데요. 당시 아르헨티나 정부에서 주적으로 삼았던 대상은 당대의 엘리트 계층들이었고, 광주의 경우에는 이보다 훨씬 광범위하고 무차별적인 제노사이드였죠. 그래서 이 작품에서 인터뷰이로 나서는 할머니들은 서로 다른 계급에 있고 사용하는 어휘에서도 차이가 있는데, 임흥순은 이 할머니들이 각자 어떤 위치에 있는지, 혹은 이들 사이에 왜 이러한 어휘 차이가 발생하는지를 따지지 않습니다. 그런 차이를 넘어 모두에게 동등한 발언권을 주려는 일종의 평등주의적 제스처로 볼여지도 있겠습니다만, 제가 보기에는 이 둘 사이에갈등을 불러일으킬 수 있는 차이를 굳이 드러내고싶지 않다는 심리가 배후에 있는 것처럼 보여요.

스스로 정당화하는 관점

오해를 피하고자 서둘러 덧붙이건대, 저는 그가 관계의 마찰을 수집해야 한다고 말하는 게 아닙니다. 그건 주체의 실천 수준에서만 정치를 사고하는 것일 뿐이죠. 클레어 비숍의 한계 중 하나는 여기에있고요. 하지만 다음과 같이 생각하긴 합니다. 이잠재적인 공동체는 차이와 함께 형성되는 공동체가 아니라 차이를 잠재우고 형성되는 공동체라고요. 그래서 이것은 가야트리 스피박의 전략적 본질주의, 즉 소수자들을 완전히 하나로 묶을 표상의불가능성을 인정하고 포함하는 공동체 '정책'과는전혀 상관이 없습니다. 이들이 과연 공동체를 이룰수 있을까 하는 불안은 한번도 우리 앞에 나타난적이 없고, 그 대신 공동체가 성립되어야만 한다는당위만 자주 나타났죠.

저는 이런 느낌을 극장판 「우리를 갈라놓는 것

들」의 한라산 시퀀스에서 특히 강하게 받습니다. 후반부에서 북한이탈주민 출신의 배우인 윤수련과 거의 40년 동안 장기수 복역을 한 비전향 빨치산 김영승이 함께 한라산을 등반하는데요. 이 시퀀스에서 윤수련이 카메라에 대고 이야기합니다. '이런 믿음을 가진 사람과 만날 수 있는게 굉장히 두렵다, 좀 긴장이 된다.' 사실 당연한 반응이죠. 그런데 이런 말들이 무색하게, 두 사람은 그냥 잘 등반해 백록담에서 같이 사이좋게 사진을 찍어요. 이런 게 저는 굉장히 우습고 허무하게 느껴집니다. 모든 액션이 결국 '공동체=좋은 것'이라는 공식 안에서 진행된다고 할까요.

상이한 사건들, 그리고 그 속에서 살아가는 사람들은 나란히 놓여 비교되거나 묶일 수 있고, 또 마땅히 그래야 합니다. 적어도 모더니즘의 시대에 도래했던 영화는 그런 무차별성의 과업을 특히 잘 해내던 양식이죠. 한데 앞서 꾸준히 얘기했듯 '상이한 것들을 묶기'라는 말에서 임홍순은 '묶기'에 거의 집중하지 '상이한 것들'은 충분히 파고들지 않습니다. 그 자신도, 그를 둘러싼 여러 평자들도 '임홍순은 타자에 한없이 열린 사람'이라는 명제를 갖고 있습니다만 제가 보기엔 그 반대입니다. 작가로서 임홍순의 관점은 잠재적인 공동체를 미리 상정해 놓고서 그에 맞춰 사건들과 사람들의 차이를 적당히 정돈해 제시할 수 있는 메타적 조망의 자리에 있습니다. 수직 시점에서 역사를 내려다보고 판단하는 그릇된 관습이 여전히 존속되고 있는 거죠. 그렇다면 그가 애착을 보이는 유령의 위상도 함께 의문스러워지게 됩니다.

유령이란 무엇일까요? 보편성의 일그러진 산물이자 우리로 하여금 보편성을 보편성으로 인식할 수 있게끔 하는 실마리입니다. 임홍순이 자꾸만 유령을 불러들이는 데에는 이유가 있죠. 「비념」의 오프닝 시퀀스의 유령, 「위로공단」의 소녀 유령, 「다음 인생」(2015)의 영혼결혼식, 그리고 죽은 것도 산 것도 아닌 비가시적인 삶들……. 어떤 이들은 그가 유령을 포함한 '한국적 전통'을 통해 트라우마의 치유를 도모하는 걸 경멸하곤 하지만 저는 그 자체가 문제라 생각치는 않습니다. 그보다는 유령이 반성하는 주체의 주관적 반영물이 되기도 한다는 게 문제죠. 「위로공단」에서 시위 현장 한가운데에 있는 소녀 유령은 물론 보편성의 산물이지만 그 누구도 그에게 눈길을 주지 않는다는 점에서 여전히 비가시적인 대상입니다. 하지만 임홍순의 카메라는 그를 보고 또 우리에게 보여 주고 있죠. 구슬픈 음악도 넣어서 그런 비가시성을 슬퍼합니다. 그런데 거꾸로 보면 이는 유령을 보고 또 슬퍼할 줄 아는 자신, 반성하는 자신을 자랑에 가깝게 특권화하는 제스처이기도 합니다. 메타적 조망의 자리와 결부될 때 이 제스처는 유령을 자기 합리화의 구실로 쓰게 되죠. 나는 유령을 뒤늦게라도 보고 슬퍼할 줄 안다, 그렇다면 나는 역사를 내려다보면서 차이들을 정련해도 괜찮다는 식으로요. 임흥순은 그렇게 스스로의 관점과 손길을 스스로의 관점과 손길을 통해 정당화합니다.

돌이켜 보면 반성은 잘 작동하지 않을 때가 있죠. 반성한 자신과 반성하지 않는 나머지를 쉽게 분리해 그 나머지를 마냥 욕하는 것으로 유의미한 행동을 했다고 만족하는 이들, 혹은 반성을 구실 삼아 어떻게든 발언권을 쟁취하거나 유지하려는 이들에 의해서요. 즉 이때의 반성은 어이없게도 보신주의로 향할 뿐입니다. 자아를 '세속적'으로 관계들에 열어 두는 것이야말로 반성의 참된 조건인데 말이죠.[7] 이런 그릇된 반성과 지금까지 설명한

---

7   조르조 아감벤, 김상운 옮김, 『세속화 예찬: 정치미학을 위한 10

임흥순의 작업이 그리 멀리 떨어져 있지 않다는 건 이제 여러분께 자명할 것입니다. 그렇다면 이쯤에서 우리가 고민하고 지향해야 하는 게 반성 자체가 아니란 것도 자명할 테고요. 타자, 공동체, 파편성, 불화, 가시화 같은 말들이 그 자체로 윤리적이고 유효한 것으로 여겨지는 꼴은 정말 그만 보고 싶습니다. 창작에서든 비평에서든요.

지금까지 이 자리에선 임흥순만을 다뤘지만, 사실 지금까지 비판한 바는 임흥순에만 해당되는 말은 아니죠. 아니, 이 말은 정확하지 않은 것 같습니다. '비디오 에세이'나 '1인칭 시점' 같은 식으로 이름만 달리할 뿐 오늘날 시각예술과 문학 어디에서나 이런 작업들을 발견할 수 있습니다. 주체를 포기하고 소거하는 것처럼 보이지만 사실 메타적 조망의 자리에서 여타의 사건과 대상들을 추상적 일반화로 몰아가는, 그러면서도 주체가 포기되고 소거된 것처럼 구는 작업들이요. 거꾸로 말하자면 오늘 이 자리에서의 임흥순은 환유적인 이름입니다. 어쩌면 우리는 사유의 중점을 다시 주체로 옮겨야 할지도 모르겠습니다. 필연적일뿐더러 필

개의 노트』(난장, 2010), 119쪽.

수적인 그 주체요. 다만 타자, 공동체, 파편성, 불화, 가시화 등과 엮이지 않은 채 작동하는 주체란 없다는 걸 유념하면서 말이죠. 결국 문제다운 문제는 우리가 우리 손에 들린 무기를 과연 제대로, 조금이라도 검토하면서 쓰고 있느냐 하는 것일 터입니다. 그걸 자각하는 한에서 우리는 '이다음'에 대한 생각을 겨우겨우 시작해 볼 수 있을 겁니다.[8]

「모가디슈」와 분단의 짐

처음에 「모가디슈」를 보고 난 후 기이하다고 생각한 건 영화 내부의 어떤 장면이 아니라 영화를 둘러싼 영화의 팬덤의 반응이었다. 캐릭터 사이에 아주 미약한 관계성만 있어도, 아니 자기 취향의 캐릭터들이 있기만 해도 상상의 나래를 펼쳐 2차 창작을 한참 뽑아내는 게 오타쿠들의 특성임을 누구보다 잘 알고 있지만, 이른바 2.5D 덕후들[1]이 강대진(조인성 분)과 태준기(구교환 분) 사이에 BL 커플링을 '연성'하는 걸 보면서는 즉각적으로 생기는 의아함을 감추기 어려웠다. 왜냐하면 이 둘을 포함한

---

[1]   실사 영상물에서 배우 자체가 아닌 캐릭터만을 좋아하는 이들을 속되게 이르는 말.

「모가디슈」의 어떤 캐릭터들 사이에도 유대의 감정은 흐르지 않으며, 나아가 철저히 부재했기 때문이다.

남과 북? 물론. 더군다나 여기에는 영화의 시간적 배경으로부터 불과 몇 개월 뒤 남북한 유엔 동시 가입이 이뤄졌음을 예견하는 그 어떤 지표도 없어, 언젠가는 유대가 자연스레 생기리라는 기대마저 가차 없이 버려진다. 하지만 그뿐인가? 가령 급작스러운 데모가 일어나 한신성(김윤석 분)과 강대진이 호텔에 고립되었을 때 한국 대사관에 남겨진 이들 사이의 불화(권위, 종교, 정치관을 둘러싼)는 어떤가. 모든 캐릭터들은 관계성의 환상이 자라날 틈이 없이 거의 기능적으로 작동하고, 그런 이들 사이에는 꼼꼼히 배치된 불만이, 곧 총체적인 화해 불가가 자리 잡는다. 한데 어떤 유대도 없음에도 결국 모가디슈에서의 탈출을 위한 이들의 연대는 가능해진다. 분명 한신성의 강력한 선의 때문만은 아닐 테다.

다른 평자들은 이를 어떻게 받아들였을까? 《씨네21》의 안시환은 「모가디슈」에 대해 이렇게 쓴다. "지금까지 한국 영화가 외면했던 질문을 서사의 일부로 적극적으로 수용한다. 그럼으로써 개개인의 생존에서 휴머니즘적인 공존의 삶으로 넘어가는 길목에서 마주해야만 하는 현실적인 장벽이 부각된다."[2] 이와 비슷하게 《오마이뉴스》의 이희동은 "모가디슈는 이제 남북 관계가 신파에서 벗어날 때가 되었음을 선언한다."[3]라고 쓴다. 즉 민족주의의 관점으로만 분단을 인식하려 할 때 우리의 목구멍에 걸릴 (차이와 불화라는) 가시를 「모가디슈」가 마침내 가시화하고 있다는 것이다.

그렇다면 이 논리를 거꾸로 뒤집어서 물어보자. 분단은 한국 문화에서 어떻게 다루어졌던가? 적어도 21세기 이후만을 생각한다면, 지난 2005년 《씨네21》 편집위원들의 한국영화 결산 좌담에서 정성일이 당시 최대 흥행작이었던 「웰컴 투 동막골」의 분단을 대하는 태도에 대해 "무차별적이고 무제한적인 공동체주의" "'이것이 유토피아인가?'라는 질문과도 전혀 다르고, 화합에 대한 무조건적 요구"처럼 보인다고 비판했던 게 떠오른다. 혹은

---

2   안시환, 「「모가디슈」 「싱크홀」 「인질」이 보여 준 '지금, 여기'의 모습」, 《씨네21》 1321호(2021년 8월).

3   이희동, 「「모가디슈」는 왜 북한 사람들의 대사에 자막을 달았을까: 남북한 신파가 사라진 시대의 영화 「모가디슈」, 《오마이뉴스》 2021년 8월 15일 자.

정반대로 북한은 우리와 근본부터 전혀 다른 세계로 그려지기도 했다.(「은밀하게 위대하게」, 「사랑의 불시착」 등) 김윤식이 분단 소설의 성취를 "고통의 형식"에서 찾되 그 속의 뿌리 깊은 민족주의는 경계했던 것과는 정반대의 방향.[4] 그렇다면 분단소설과 이만희, 임권택의 몇몇 영화들을 지나 「모가디슈」에 이르러, 마침내 역사적인 불화를 인지하면서 그 속에서만 가능할 연대를 잠시나마 꿈꿔 보는 분단 영화의 가능성이 열린 걸까?

부재하는 유대,
침투하는 국가

안시환을 비롯한 여러 평자들은 인물들 사이의 부재하는 유대를 영화의 장점으로 꼽는 듯하지만, 오히려 그 부재야말로 영화의 기이한 점이라고 봐야 하지 않을까? 류승완은 뒤로 갈수록 이야기들을 차곡차곡 쌓는 대신 인물들이 흩어지게, 좀 더 정확히 말하자면 서로 같은 신에 속하지 못하도록 만든다. (더 찢어져서는 안 될) 연대 안에서도 지속되는

4   김윤식, 「우리 문학 속의 6·25」, 《동아일보》, 2000년 6월 22일 자.

총체적인 화해 불가?

그러면서 영화의 하이라이트라 할 마지막 카 체이스 신에서는 미시적인 편집도 함께 난장에 가깝도록 파편화하는데, 태준기의 결말이 이를 갑자기 막아선다. 마지막 카 체이스에서 사라졌다 나타나는 태준기의 차. 말 그대로 사력을 다해 이탈리아 대사관에 도착한 직후 숨을 다하는 그. 그런데 이 순간이 이상해지는 건, 잔뜩 찡그린 채 한숨을 뱉는 강대진의 클로즈업이 리액션 숏으로 곧장 붙을 때이다. 영화 내내 조인성-강대진이 한결같이 짓던 짜증 가득한 표정은 이전과 달리 아쉬움과 연민의 감정을 내뿜는다. 하지만 강대진과 태준기 사이에 일말의 유대가 있던가? 아니면 함께 살자는 대의에 강대진이 어느 순간 감화된 것인가? 이렇게 바꿔 말해 보자. 내내 부재하던 유대가 태준기의 죽음과 동시에 발생한다. 유대 없이도 연대는 가능하다는 듯 총체적인 화해 불가를 밀고 나가던 이전을 뜬금없이 뒤집어 영화 전반을 자기 역설적 구조로 이끄는 이 장면. 왜 태준기는 이렇게 죽어야 했을까? 실제 사건에서 북한 대사관 직원이 정말 이렇게 죽었다는 사실은 최소한 이 글에서는 어떤 의미값도 갖지 않는다.

여기에서 태준기가 하필 차 안에서 죽었다는 게 심상치 않게 다가온다. 《씨네21》의 김철홍과 안시환은 이 영화 속의 시각성을 고찰하면서 한국의 이미지들에 유혹되지 않도록 아이들의 눈을 가리는 북한의 어른들, 치안의 눈길 곁에서 서로를 바라보지 못하는 캐릭터들 등 대상을 보지 않는 제스처를 분석한다. 하지만 이 제스처가 속한 어떤 연쇄를 더 파고들지 않는다는 점에서 이들의 분석은 적잖이 미심쩍어진다. 어떤 연쇄? 차창 밖을 향하는 시선들. 한신성도 태준기도, 그리고 북한의 아이들도 자동차 안에서 폐허가 된 모가디슈의 시가지를 멍하니 바라보곤 한다는 걸 떠올려 보자. 「모가디슈」의 곳곳에는 '보지 않는 것'과 함께 '보는 것'이 모가디슈에서의 탈출이라는 큰 이야기에 녹아들지 않는 '물질적인' 제스처로 꼼꼼히 배치되어 있다.

그러고 보니 「모가디슈」는 자동차에서 시작해 자동차에서 끝나는 영화가 아니던가? 나는 앞의 글 「이전 같지 않으리: 데이비드 린치론」에서 영화의 '현대적' 갱신을 위한 자동차의 계보를 간략히 그린 바 있지만, 그런 정전(canon) 지향적 사고 대신 다종 다기한 영화 속에서 자율적으로 찢어지고 변형되어 뻗어 나간 (도상적이라기보다는) '물질적인' 사물로서의 자동차의 궤적에 대해서도 충분히 생각해 볼 수 있을 것이다. 물론 이 글에서 그 궤적에 대해 본격적으로 얘기하는 건 글의 성격과 맞지 아니하니 자제하고, 그 대신 범위를 좁혀 「모가디슈」에서 자동차라는 (비)장소를 통해 영화적 담론으로 성립되는 것들에 대해 잠시 생각해 보자. 차창 밖을 보는 것, 보는 것과 보지 않는 것, 차 안과 밖. 밖의 상황에 따라 자동차는 외부의 폭력으로부터 안전해 외부로 시선을 던질 수 있는 곳이 되기도, 외부와 아주 얇은 경계만을 두고 외부의 압력에 쉬이 노출되는 곳이 되기도 한다. 즉 안과 밖을 구분하는 유동적인 (비)장소로서의 자동차. 이런 유동성을 자동차에 부여하면서 류승완이 보려던 것은 안과 밖의 간극과 삼투, 곧 다종 다기한 방식으로 안으로 밀려 들어오는 밖(혹은 밖으로 밀려 나가는 안)일 것이다. 이때 삼투되는 건 비단 태준기를 죽인 총알만은 아니다.

모가디슈를 남북한의 사람들이 공동으로 탈출한 작전이 (적어도 영화상에서는) 공식적으로 기록되지 않고 언급되지도 않는, 통채로 없는 일로 귀결된다는 사실은 여기에 그 귀결을 강제하는 국가 폭력이라는 프레임의 삼투를 허용한다. 그래, 우리 모두가 피부에서부터 알 듯 국가는 폭력의 주체다. 문명화의 과정이 개인과 개인 간 사적 폭력이 완화되고 통제될 수 있도록 국가가 폭력을 '정당히' 독점하는 과정이기도 했다는 점으로 인해, 역설적으로 국가는 인민 개개인의 존엄을 과도하게, 직접적인 무력 없이 침해할 때조차 법과 제도가 설정한 '정당함'을 주장할 수 있었다.(불과 최근의 지난 두 정권 동안 한국의 우리는 냉정한 태만함과 선택적인 강건함 모두를 정당함의 이름 아래서 겪은 바 있다.)

「모가디슈」에서 이런 국가 폭력은 직접적인

무력으로인 소말리아 내전으로만 작동하지 않고, 몇 겹에 걸쳐 캐릭터의 미시적인 행동과 사건에 삼투해 영향을 행사하는 비인격적인 힘으로 화한다. 먼저 의식으로서의 국가 폭력이 있다. 국가가 바라는 특정한 방식으로 개개인의 생각과 감각의 방향을 제한하는 이데올로기. 서울과 평양으로부터 멀리 떨어져 있을 뿐 아니라 그곳들과의 연계도 한참 희미한 도시인 모가디슈에서도 이는 활발히 작동하고 있다. 그러나 나는 지금 유엔 가입을 위한 외교전 얘기를 하는 게 아니다. "서로 연설 대신 대화를" 하자는 한신성의 노골적인 박애주의적 대사는, 구조 요청을 마치고 돌아와 한국 대사관 문을 열었을 때 차창 너머로 북한 주민들이 먼저 보인 것에 그가 느끼는 불안감(을 조성하는 음악)으로 인해 진작의 균열을 고백한다. 모두를 구하려는 일념을 가진 한신성에게도, 여전히 의식 수준에서는 적대국으로서의 북한에 대해 오랫동안 주입된 불안이 남아 있는 것이다.

혹은 태준기가 어떤 캐릭터였는지 되물을 필요가 있다. 소말리아 대통령을 위한 선물을 강탈할 계획을 세우고, 대사관으로 피신을 온 이후에도 사사건건 한국에 대한 적의를 드러내는, 한국의 입장에서는 원초적인 반동인 이 남자는 일견 과도하리만큼 국가에 충성을 바치는 충신 같지만, 실은 반대로 국가의 보복이 두려워 충성을 수행하는 일종의 아바타적 관료에 가깝다. 그가 부하와 식구 전부를 한국 대사관으로 피신시키려는 림용수(허준호 분)에 반대 의사를 표할 때 이 반대의 동기가 어디까지나 '북한으로 돌아가면 전부 숙청당할지도 모른다'는 공포에 기인한다는 것을 떠올려 보자. 그의 과잉 행동은 국가 폭력에 대한 공포와 함께 간다. 의식으로서의 국가 폭력이 당장의 생존을 넘어서는 공포를 만들고, 삶을 위해서 삶을 버릴 각오를 해야 한다는 역설적 각오를 요구한다는 사실을 우리는 여기에서 본다. 이런 맥락에서, 분단에 대한 의식으로서의 국가 폭력은 이 영화 안에서 가장 끈질기고 과시적으로 캐릭터들에게 삼투되어 영향을 행사하는 국가 폭력이자 유대의 부재의 주원인이며, 그래서 「모가디슈」가 역사적인 불화를 직시한다는 상찬에서의 빈약한 근거가 된다. 그렇다면 강대진의 리액션 숏은 마지막 시퀀스의 보지 않는 몸짓들의 반대 항으로, 의식으로서의 국가 폭력이 잠시나마 무화된 순간일 것이다. 한데 잠깐, 나는 방금 유대의 부재에서 의식으로서의 국가 폭력이 주원인이라고 말했지 유일한 원인이라 말하지 않았다. 앞서 언급했던 한국 대사관 직원들 사이의 불화를 이로써 어떻게 설명할 수 있겠는가? 어쩌면 「모가디슈」의 중핵은 분단이라는 하나의 문제만으로 설명되지 않는 게 아닐까.

외주화된 국가 폭력

그렇다면 다음으로는 무능으로서의 국가 폭력을 논해 보자. 그 어떤 체제도 빈틈없이 완벽할 수는 없다는 운명적인 사실에서 기인하는 국가 폭력. 이 무능은 크게 두 가지 갈래로 나뉘는데, 하나는 아무리 극단적인 전제정이라 해도 결국 하나의 아이콘이 아닌, 네트워크 안에서 권력을 일부 위임받은 여러 관계자들이 국가 폭력의 직접적인 수행자로 나서면서 생기는 무능이다. 한국이 소말리아 대통령과의 면담을 준비한다는 정보가 어떻게 새 나갔으며 그게 누구 책임인지에 대한 공수철(정만식 분)과 강대진의 말다툼이 영화 안에서 완전히 해결되지 않을 때 예견되고, 차창 밖으로 백기를 빼꼼히 내밀려던 공수철의 몸짓이 총기를 빼든 것으로 오인되면서 시작되는 마지막 카 체이스 신에서 폭발하듯, 국가 폭력이 진정으로 위험해지는 건 국가가 모든 걸 알고 통제할 때가 아니라 국가가 모든 걸 알고 통제한다고 필연적으로 착각할 때인 것이다.

다른 하나에 대해서는, 소말리아 정부군과 반군과 시민이 한국 대사관 앞에서 충돌하여 벌어지는 유혈 사태 사이에 삼투되는 친교의 메시지를 떠올려 보는 것으로 족할 것이다. "언제나 소말리아의 곁에 대한민국이 있음을 기억해 주십시오!" 어떤 강제적 수단을 예비하지 못했기에 그저 무력을 방조하게 되는 무능. 개인과 개인 간 사적 폭력을 완화하고 통제시킨다는 책임을 방기했다는 점에서 이 무능은 충분히 폭력이 된다. 그런데 잠깐, 이 서술은 뭔가 억지스럽지 않은가? 교민도 없고 본국과의 연계도 희미한 소말리아에서 한국 대사관이 수행할 수 있는 대안적 국가 폭력이 얼마나 된다고? 그럼에도 이렇게 쓴 이유는 영화가 스스로 그렇게 보이기를, 즉 주 타깃층인 한국의 관객들이 한국을 소말리아 내전에 대한 책임의 주체로 느끼기를 원하기 때문이다. 이제 이 장면이 다른 방향으로도 움직이고 있다는 게 보이기 시작할 것이다. 앞의 질문을 다시 끌어오자면 「모가디슈」의 중핵은 분단이라는 하나의 문제만으로 설명되지 않는 게 아

닐까?'

다른 평자들이 지적했듯 확실히 「모가디슈」에는 분단에 대한 세간의 달라진 인식이 암묵적으로 현현하고 있다. 하지만 이를 좁은 의미에서의 분단, 즉 남북한의 관계에서만 바라볼 때 지워지는 국가 폭력이 있는데, 소말리아에 분단의 연장선을 그어 자국의 국가 폭력을 소말리아에 삼투시킨 남북한의 책임, 말하자면 외주로서의 국가 폭력이 그것이다.

한국 전쟁의 기억(내전과 인민재판), 광주의 기억(시민들에 대한 무력 진압), 군사 정권의 기억(공수철의 대사 "우리나라에서도……") 등 한국의 트라우마적 역사(의 조건)들을 암시적으로 '반복'하는 이미지들을 제시하면서 영화 속 모가디슈를 마치 한국에서 찢어진 지역처럼 구축할 때 「모가디슈」가 소환하는 것이 바로 외주로서의 국가 폭력이다. 유대의 부재의 다른 원인이 여기에 있어, 한국에서 한참 찢어져 있어도(혹은 찢어져 있기에) 남아서 작동하는 한국의 질서들(승진과 결혼에 대한 강박, 기독교 문화 등)이 이들로 하여금 서로 불화하는 속내를 갖게 한다. 이는 물론 의식으로서의 국가폭력의 한 갈래이지만, 그것이 조건 지어지는 데에서는 외주로서의 국가 폭력의 흔적이라 봐야 할 것이다. 그

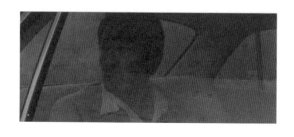

런데 영화가 외주로서의 국가폭력을 다루는 결과
는 역사에 관한 무의식을 건드리는 것도 아니고 역
으로 무의식의 소산인 것도 아니어서, 감독 류승완
은 이 책임을 다루는 데에서 자신의 태도를 확고히
정하지 못하고 갈팡질팡한다. 시위대가 대사관 앞
에 당도했을 때 남북한이 소말리아 정부와 거래한
문서를 파기하는 각각의 순간을 평행 편집으로 함
께 담음으로써 소말리아를 전쟁터로 만드는 데 남
북한이 일조했음을 보여 주고는 있지만, 그저 그뿐
인 것이다. 소말리아 내전에 대한 책임이라는 외설
적인 문제는 그 이후 서사에 내포되거나 화면에 잔
존하지 않는 잉여로 격하된다.

　　이쯤에서 차창 밖을 보는 시선들을 다시 소
환하자면, 자동차 안에서 소말리아의 시가지를 향
하는 여러 시선들은 이 잉여의 소산이자 이 잉여
를 하여튼 취급해 보려는 미약한 몸짓이다. 종국에

는 그마저도 하늘 위 시점이라는 어마어마한 간극을 통해 퇴치되지만 말이다. 여전히 자국의 책임을 묻기 어려운 한국의 상황에 대한 소극적 개입일까, 아니면 그에 대한 소심한 타협일까? 한편 이 몸짓의 반대편에는 태준기에게 유별날 만큼 집중되는 직접적 폭력이 있다.(영화 속 '한국인'들 중 '피떡'이 되는 건 오직 그뿐이다.) 그가 국가 폭력을 위해 소말리아의 '민간인'과 깊이 연계한 유일한 캐릭터라는 점에서 이는 잉여의 잔여감을 그에게 전가하고 해소하기 위한 수단으로 생각할 수 있다. 더도 말고 덜도 말고 희생양. 그렇다면 강대진의 리액션 숏의 정체를 이제 설명할 수 있게 된다. 이 숏의 유대감은 희생양을 완전히 끝장내고 이를 비극적인 것으로 만듦으로써 외주로서의 국가 폭력을 자연스럽게 절단하려는 우회책이며, 결국 기만적 감정이다. 여기서 「모가디슈」가 한국의 선진국화가 공고해진 시기의 영화이기도 하다는 사실을 떠올리면 지나친 생각일까? 나는 아니라고 믿는다. 「모가디슈」를 본 이후의 우리는 「모가디슈」가 감히 하지 못한 것, 분단 이슈가 국제적인 문제라는 게 평화의 차원이 아니라 책임의 차원에서 조건 지어지기도 했다는 사실을 진정 유념해야 할 것이다. 희생양의 배를 가르고 잠깐의 유대를 얻으며 소말리아에서 케냐로 탈출한 것은 트라우마(일 뿐)인가, 아니면 (아직은 모를 언젠가의) 책임인가?

3부 　　　　　**주위를
떠돌다가**

즐겁게 일그러지는 영혼

—「가짜사나이」와
「대탈출」 사이의 진정성

국내에서 선풍적인 인기를 끌고 있는 유튜브 예능 콘텐츠 「가짜사나이」를 한편으로는 징그럽게, 또 한편으로는 흥미롭게 보았다. 김계란이 '이끄는' 유튜브 채널인 '피지컬갤러리'를 구독하고 있어 자연스럽게 「가짜사나이」로 흘러간 건데, 아무리 생각해도 이 콘텐츠는 정말 이상하다. 폭력성에 관해 유해하다고 생각될만큼 징그럽지만(당장 페이스북이나 틱톡에 검색해 보면 이 콘텐츠가 어떤 징그러운 영향을 행사하고 있는지가 보인다.) 다름 아니라 그 징그러움에서 「가짜사나이」의 흥미로움이 발생해, 고통스럽게 꾸준히 봤다.

내 생각에 「가짜사나이」의 흥미로움은, 분명 콘텐츠의 줄기 자체는 '군대 가서 고생 좀 해 봐야 정신을 차린다'는 일종의 보수적 성장 서사를 의도하고 또 그렇게 자연스레 흘러가려 하지만 그러지 못한다는 점에서 나온다. 교육생들이 교관의 말에 제때 반응하지 못하는 순간들이 실은 촬영용 드론의 소음 때문이었다는 후일담부터, 공혁준의 (성겁고 성급하게 정리된) '주작' 논란까지, 김계란의 이름 옆에 (매우 진지한 상황에서도) 교관 명칭 대신에 붙는 '대머리'부터 인터넷 셀럽으로서의 고통을 말하는 교육생들에게 (신입 유튜버인) 에이전트 H가 위로와 조언을 해 주는 (시청자의 입장에선 어처구니없는) 파트까지, 1화에서 훈련 강도를 낮춰 달라는 제작진의 요구부터 3화에서 교육생 전원이 퇴교하자 (누가 봐도 급조한 티가 나는) '무사트 서바이벌 교육 베이직 과정'에 들어가게 되는 과정까지, 그리고 마지막 화에서 마지막 훈련 직후 갑자기 '기계적'으로 전개되는 감동 무드까지. 「가짜사나이」에서 실제로 볼 수 있는 건 교육생들이 보수적 성장 서사에 속한 수난을 어느 정도 자연스럽게 체험하는 '순조로운' 광경이 아니라 그 (방송-)체험이 자신을 이루는 요소들 사이에서 이뤄지는 온갖 종류의 방해와 중단, 곧 (평범한 의미로든, 마르크스주의적인 의미로든) 모순으로 인해 자꾸만 이상해지고 좌절되는데도(공혁준의 '주작' 논란에서 보이듯 이는 심지어 텍스트 바깥에서도 이뤄졌다.) 성장 서사는 하여튼 꾸역꾸역 지속되(려 하)는 기괴한 광경인 것이다. 이렇게 총체적으로 파열된 서사라니!

본 콘텐츠가 대놓고 참조한 「리얼입대 프로젝트 진짜 사나이」의 파열이 한국 군대의 문제를 은폐하거나 정당화하는 모양새가 시청자들에게 지적받은 결과, 즉 서사 자체의 패착이었음을 떠올리면 그것과는 상관이 없는 「가짜사나이」의 경우가 더더욱 기괴하게 보인다. 김계란은 '무사트 서바이벌 교육 베이직 과정'을 감행한 이유를 (유튜브 콘텐츠치고는) '어마어마한 제작비가 들어갔기 때문'이라고 말했지만 그걸 이유로 드는 건 현상에 대한 내 관심과는 아무런 상관도 없다. 차라리 '일종의 보수적 성장 서사를 의도'했다는 앞의 말을 뒤집어 이렇게 생각해 보는 건 어떨까. UDT 훈련이 아니라 거기에서 펼쳐지는 모순들이 이 콘텐츠의 핵심이라고, 모순을 해결하거나 은폐하지 않고 외려 전면화한 채 서사에 포함시켜 버리는 억지스러운 봉합 자체가 「가짜사나이」의 진정한 의도라고 말이다.

나는 《마테리알》을 위해 쓴 글이자 이 다음에 오는 글인 「아직도 굳이 「무한도전」을 논할 필요가 있는 건」에서 "기존의 TV 예능의 체계에서는 '예능화'될 수 없던 '실재'를 최대한 '예능화'하기, 요컨대 그것이 「무한도전」의 논리요 「무한도전」이 바꾼 한국 예능의 패러다임"이라고 썼는데, 이 생각의 연장선에 「가짜사나이」를 배치한다면 「가짜사나이」는 「무한도전」 '이후'의 논리를 위태로울 정도로 밀어붙인 사례라고 할 수 있을 것이다. 어떤 면에서? 「무한도전」의 진짜 서사가 개별 에피소드가 아니라 긴 방영 시간 속에서 형성되고 시청자들의 기억 속에 축적된 다양한 캐릭터성에서 메타적으로 조직되었던 반면 「가짜사나이」는 그런 메타적 장치 없이 앞서 말한 대로 '총체적으로 파열된 서사'로만 성립된다는 면에서. 그렇기에 내게 「가짜사나이」의 인기는 적잖이 충격적으로 다가온다. 이제는 이렇게 직접적으로 드러난 모순을 한껏 (엮는다기보다는) 그러모으는 부조리성이 예능에서 완전히 '일반적'인 유희 대상이 된 걸까?

당신은 반문할 수 있다. TV 예능이 아니라 상대적으로 아마추어인 유튜브 예능이기에 이런 수준의 모순과 파열이 가능했던 게 아닌가? (어쩌면 당신은 2010년대 초의 아프리카 TV/페이스북 라이브의 사례들을 먼저 떠올리고 있을지도 모르겠다. 하나의 카메라, 하나의 마이크, 하나의 숏, 생방송이란 최소한의 조건으로 방송이 진행되면서 가능해지는 우연-모순들.) 그러니까 '일반적'이라는 수사는 그래도 아직까진 과장된 게 아닌가? 그러나 tvN의 예능 「대탈출」 시리즈의 존재가 이런 반문을 무력화한다. 방탈출 게임의 포맷을 어마어마하게 확장해 정교한 세팅과 상세한 스토리텔링을 보여 주는 이 시리즈는 매 에피소드의 허구적 세계가 성립되는 방식에서 「가짜사나이」와 직접적으로 공명한다. 사이비 종교의 만행, 예정된 살인, 질병 테러 등 허구적 세계의 문제를 해결하기 위해 그 안으로 투입되는 멤버들은 그야말로 영웅인데, 이 허구적 세계를 담는 그릇이 콩트도 미니 시리즈 드라마도 아니기 때문에 이들이 영웅이 되기 위해서는 실제 삶에서의 성격과 위상이나(연예인으로서 우리에게 잘 알려진 캐릭터성) 허구적 세계로의 투입을 위한 개연성('대체 이들은 어떻게 이 세계에 당도했나?') 같은 자신의 모순을 뭉개고서 봉합해야만 한다. 하지만 아무리 완벽히 조율되어 몰입할 수밖에 없는 극적 상황이라 해도 그들이 서로를 서로의 이름으로 부르는 한 이 봉합이 적당히 이뤄질 리 만무하고, 결과적으로 시청자는 잘 조율된 허구적 세계를 배경으로 멤버들의 존재 자체에 결부된 모순이 계속 덜렁거리는 '파열된 서사'를 볼 수밖에 없다.

그런데 흥미로운 것은 그런 상황이 이 프로그램에서는 대개 문제라기보다는 유머로 인식된다는 사실이다. 아니, 시즌 1의 '벙커' 에피소드처럼 메타 개그를 대놓고 활용한 경우를 염두에 두면 이런 표현은 살짝 모자라다. 그런 모순이 「대탈출」에 있어 모종의 진정성을 담보한다, 라고 해야 한다. 진정성? 이때 진정성은 흔한 고착적 정의, 즉 믿음에 대한 진지하고 감상적인 자기 증명/재현과는 다르다. 그 반대편에서 "나는 진정성 따위에 관심이 없다."라고 말하는 자가 바로 이 맥락에서의 진정성을 수행하고 있다. 말하자면 냉소로서의 진정성. 믿음을 거부하는 분열적이고 유희적인 자기 증명/재현. '순수'나 '진짜'가 사후적으로 구성/연출된 것이라는 후기 구조주의의 선구자들의 교훈을 엄격하게 되새긴다면, 진정성이라는 개념은 특정한 생각의 '아바타'가 되기 위한 퍼포먼스, 즉 의지에의 의지로 확장해 이해되어야 한다. 그리고 그 안의 한쪽에서는 대상에 자신을 내겷으로써, 다른 한쪽에서는 대상에서 자신을 떨어뜨려 놓음으로써 자신을 구성하려는 의지가 있다. 하지만 어떤 이가

한 의제에서는 전자를, 다른 의제에서는 후자를 주장하기도 하는 것처럼 두 진정성은 칼로 베듯 말끔히 갈라지지는 않은 채 한 단어 안에 뭉뚱그려지는데, 「가짜사나이」와 「대탈출」이 서사를 하여튼 계속 진행시키면서 모순을 전면화하는 모습은 바로이 상황, 두 진정성이 서로 아슬아슬하게 공존하는이 상황을 포착해 전시한다. 앞서 말한 '대상'을 이둘에 걸맞게 '서사'로 치환한다면 좀 더 명징하게 읽히리라. 즉 서사(가 제공하는 체험)에 자신을 기꺼이, 온전히 내걸려는 의지와 서사에서 떨어지려는의지의 '팽팽한' 뒤얽힘, 그리고 그런 뒤얽힘의 산물로서의 '파열된 서사'.

중요한 것은 이것이 많은 이들에게 충분히 자연스럽게 받아들여진다는 사실이다. 세상을 감각하는 방식이 또다시 변화한다. 우리는 「가짜사나이」와 「대탈출」에서 가능하면 두 진정성 모두를 추구하고 또 요구하는, 더욱더 분열적이 된 주체의출몰을 (다소 극단적인 방식으로) 경험할 수 있다. 어쩌면, 진짜로 포스트모더니즘이 도래한 것은 다름아니라 지금이 아닐까? 그런데 나는 이런 가능성이한국에서는 이미 「무한도전」에서부터 진행되었을지 모른다는 생각을 「아직도 굳이 「무한도전」을 논할 필요가 있는 건」에서 펼치고 있다. 미안하지만 사실 이 얘기를 하려고 여기까지 어그로를 끌었다. 내가 지금 보이는 태도도 글의 논지와 연계를 갖는데……

아직도 굳이 「무한도전」을
논할 필요가 있는 건

심상찮은 일일까? TV 예능 프로그램 「돈키호테」, 「플레이어」, 「끼리끼리」 등을 조금씩 보다가 문득 의문이 들었다. 나 혼자만의 의문인가 싶어 해당 프로그램들에 대한 반응들을 살펴봤다. 이 프로그램들에서 「무한도전」적인 것을 발견한 건 역시 나 혼자만은 아니었다. 저 프로그램들의 형식, 그러니까 터무니없고 기괴한 일에 도전하거나, 고정된 멤버들을 매번 완전히 다른 극적 상황에 떨어뜨리는 (비)형식이 우리에게 「무한도전」의 시그니처로 각인된 지는 너무도 오래됐다. 거기다 「끼리끼리」의 멤버인 박명수와 황광희는 「무한도전」 출신이기도 했다! 그런데 일반 시청자들보다 더 예민할 수밖에 없는 제작자들이 이를 의식하지 않고 촬영에 들어

갔을 리는 없다. (아닌 게 아니라, 「돈키호테」의 피디인 손창우는 한 인터뷰에서 '절대 똑같지 않다고 말씀드릴 수 없다'며 소극적으로 「무한도전」과의 유사성을 인정했다.) 「무한도전」이 종영하고 얼마 안 되어 누가 봐도 「무한도전」적인 프로그램들이 연달아 출몰한 게 그저 우연일까? 또 이건 심상찮은 일일까? 이 글은 이런 의문에서 시작되었다.

돌이켜 보면 여러 부침 끝에 2018년 「무한도전」이 (사실상) 종영했을 때 우리의 발에는 「무한도전」적인 것, 보다 정확히는 「무한도전」이 상징하게 된 이데올로기의 유효 기간이 이제 거의 끝났다는 '상식적' 진단들이 마구잡이로 채였다. 어떤 이데올로기? (광범위한 인기는 물론 어젠다의 형성에도 영향을 행사하는) '국민 예능'의 가능성, (공식' 연예인들을 핵심으로 구동되는) 스타 시스템, (폭력적 태도를 근간으로 삼는) 남성 호모 소셜의 웃음 코드…… 하지만 이런 진단은 사실 발화자의 기대일 뿐이란 걸, 인기 인터넷 방송인인 브베와 보겸이 이런저런 마찰에도 불구하고 여전히 잘 활동하고 있는 주위를 잠깐만 둘러봐도 알 수 있지 않은가? 「무한도전」의 종영은 (가치 판단과 결부된) 좁은 의미에서의 '새로움'의 기점이 아니다. 만약 무언가가 정말 끝났다면 그건 이데올로기의 유효 기간이 아니라, 정반대로 이데올로기에 대한 마지막 봉인이었을 것이다.

이를테면 숏 비디오 SNS인 바인(Vine)과 틱톡(TikTok)의 관계를 떠올려 보자. 2017년 쉬운 편집 방식과 시간제한이라는 형식으로 비디오 밈 생태계에 크나큰 변화를 가져왔던 바인이 그 자신의 형식에서, 정확히는 그 형식을 따라 하고 가공하고 발전시킨 SNS들에 의해서 특수성을 잃고 결국 서비스를 종료했을 때, 다양하고도 간편한 편집 효과를 내세우며 '바인 이후'의 SNS 중 가장 위세를 떨치던 틱톡이 본격적인 글로벌 론칭을 시작했다. 이를 두고 '바인적인 것'이 끝장났다고 할 수 있겠는가? 불과 몇 개월 차이라는 이 절묘한 타이밍은 원류에 대한 형식의 자율성의 '비극적'인 사례로 우리에게 던져진다. 그 어떤 형식도 세간의 영역으로 떨어지는 순간 복제되고 산산조각이 나 원류로부터 멀어지고 심지어는 원류를 덮칠 잠재성을 갖게 된다는 '비극'. 이 연장선에서 이뤄지는 원류의 붕괴란, 이미 실상 껍데기만 남은 원류에 상상적으로나마 봉인되어 있던 형식이 마침내 완전히 풀려나는 사태라고 할 수 있다. 바인이 개발한 형식이 더이상 바인만의 것이 아니게 되었을 때 이런 사태는 이미 필연이 되었을 터.

「무한도전」의 경우 역시 마찬가지로, 자기 '이후'의 초인기 예능 프로그램들(가까이로는 「1박 2일」 시즌 1, 멀리로는 「마이 리틀 텔레비전」) 사이에서도 그 나름의 인기와 영향력을 유지하던 때와는 달리 멤버들의 나이 듦 및 제작진의 변화 속에서 프로그램의 플롯이 '노후화'되고 식상해져(이 결정적인 원인을 인터넷 여초 커뮤니티의 '프로불편러'들 탓으로 돌리는 이들의 비열함을 짚고 넘어가지 않을 수 없다.) 자신에 내포된 이데올로기들과 자신이 만든 형식들을 독창적, 독점적으로 상징화할 힘을 완전히 상실했기에 「무한도전」은 종영할 수밖에 없었으며, 이는 한국 예능계에서 「무한도전」적인 것의 끝이 아니라 「무한도전」적인 것의 (이전과는 다른 방식의) 존속을 상징한 것이다.

그렇다면 처음으로 되돌아가서 「돈키호테」를 비롯해 누가 봐도 「무한도전」적인 프로그램들의 잇따른 출몰은 존속의 사례라 할 수 있는가? 아니, 그건 또 아니다. 꼭 해당 프로그램들이 흥행에 실패하고 결국 폐지 수순을 밟았기에 하는 말은 아니고, 단지 「무한도전」적인 것의 일부를 그 자체로 인기 요인으로 오해하고는 (차이 없는) 반복만 했

기 때문이다. 「무한도전」적인 것의 마지막 봉인이
풀린 것에 다소 기회주의적으로, 성급하게 대응했
달까? 차라리 2019년에서 2020년은 「무한도전」의
(비)형식이 2020년대에도 여전히 예전처럼 쓰일
수 있는지가 검토된 기간이라 할 수 있을 것 같다.
하나의 증상일 수는 있어도 심상찮은 일까지는 아
닌. 곧바로 질문이 따라온다. 그렇다면 「무한도전」
적인 것은 어떻게 존속하고 있나? 말을 조금 바꾸
는 게 더 적확할지 모르겠다. 「무한도전」은 한국의
예능을 어떻게 바꿔 놓았는가?

　　「무한도전」의 성취로 언급되는 몇 가지를 나
열해 보자. 철저한 무의미성의 유희(로의 회귀), '고
정된 멤버들을 매번 완전히 다른 극적 상황에 떨어
뜨리는' 급진적인 유동성, 특유의 자막과 편집으로
대표되는 메타 개그, 인터넷 대안 문화 코드의 적
극적인 활용, 장기 프로젝트나 레이스, 추격전 같
은 '큰' 포맷의 정립. 하지만 이들 자체는 「무한도
전」이라는 거대한 부피의 프로그램을 이루는 일부
형식이지 그것을 관장하고 또 그러면서 간접적으
로 현시되는 논리는 아니다. 가령 「무한도전」의 핵
심을 무의미성의 유희로 규정하며 공익에 몰두하
게 된 후기 「무한도전」을 두고 '이젠 지나치게 어른

이 되어 버렸다'며 아쉬워하는 견해가 있다. 하나
이는 자신이 하나의 텍스트에서 좋아하는 형식 자
체만을 분리하고는 그게 텍스트의 전체라고 우기
는 상투적인 생떼일 뿐, 후기 「무한도전」의 과한 공
익적 양상은 오히려 이전의 '대체 에너지 특집'이나
'일자리가 미래다 특집'에 대한 강박적인 되풀이에
가깝다고 봐야 한다. 하여튼, 그저 단순하게 접근
할 필요가 있다.

　　앞서 나열한 「무한도전」의 성취를 하나로 묶
을 수 있는 논리는 무엇인가? 그 실마리는 예컨대
237화 '오호츠크해 특집' 1부의 한 장면에서 명확
히 드러난다. 멤버들이 한참 열차를 타고 로케이션
으로 이동하던 와중 박명수가 자신이 만든 산수 게
임을 하자고 제안하는데, 그 게임이란 것이 하나같
이 재미도 긴장감도 없이 지루한지라 게임을 하면
할수록 편집의 리듬이 느려지고 멤버들의 얼굴도
굳어 가며, 그에 맞춰 "지루……"라는 큰 자막이
뜬다. 이런 게임들이 계속되니 참다못한 노홍철이
정색하고서 "정말 재밌어서 하시는 거예요?"라고
박명수에게 면박을 주고, 박명수는 이런 반응에 서
운한 듯 투덜거리면서 또 다른 게임을 만드는 무리
수를 둔다. 그런데 이 장면이 촬영됐을 현실의 시

공에서는 거의 지루하게 느껴졌을 박명수의 '재미 없음'과 무리수는 장면이라는 '매개' 속에서 재미를 유발한다. 재미없는 것에서 재미를 추출하기? 여기 에서 우리가 마주하는 것은 포착된 리얼리티의 이용이라는, 카메라가 발명되었을 즈음부터 우리가 오랫동안 매달린 근원적인 문제다.

　여기에서의 리얼리티란 충만한 충격으로 신체 의 감각을 혼동시키는 '실감'이 아니다. 그것은 마름질되지 않은 것과 마주하는 '실재'의 감각이다. 이전 TV 예능의 체계에서라면 예외 상태나 잉여 로 여겨졌을 순간이 「무한도전」에서는 리얼리티로 바뀐다. 물론 지난 시대의 영민한 학자들이 지적했 듯, 어떤 단단한 상황이 갑자기 기각될 때에 대한 본능적 반응이라는 점에서 웃음은 그 자체로 실재 에 맞닿아 있고, 서영춘이건 이주일이건 심형래건 이경규건 감자골이건 간에 지난날의 TV 예능이 천착한 웃음의 영역 역시 서로 다른 형식을 취했 다 하더라도 궁극적으로는 바로 그런 유의 것이었 다. 그런데 「무한도전」은 거기에서 나아가 멤버들 의 기나긴 수다나 지지부진한 게임 진행처럼 내러 티브 경제의 측면에서라면 편집 과정에서 들어내 마땅한 순간을 적극 활용하거나, 예능에 전혀 어울리지 않는 캐릭터(정형돈의 '웃기는 것 빼고는 다 잘하는 개그맨', 길의 '무리수')를 콘셉트로 밀고 가거나, 통제에 한계를 겪을 수밖에 없는 공공장소로 나가 촬영을 진행하는 등 (그저 가이드라인으로서의) 극적 상황에서 발생하는 예외 상태적/잉여적 순간을 지속적으로, 과잉으로 이용하면서 그것이 정말 예외 상태적/잉여적 순간임을 텍스트 내부에서 노골적으로 환기시키는 방식으로 열심히 의미와 맥락을 부여하고, 조작해 자신의 세팅에 포섭했다. ('삑', '어쩌라고?' 등 특유의 자막은 그 자체로 예외 상태적/잉여적이면서 또 그런 순간들을 수식하는 두 겹의 역할을 수행한다.)

예외 상태나 잉여를 과잉 이용한다는 공통점에도 불구하고 모더니즘의 기획에 입각한 통상적인 미적 시도들이 세계(의 기준)의 불가능성을 가시화하기 위해 이를 불편하게 이용했다면(본문의 맥락에서라면 나는 로베르토 로셀리니, 장뤽 고다르, 앤디 워홀의 영화들이 떠오른다.)「무한도전」은 그 시도를 뒤집어 세계를 집어삼키기 위해 불가능성을 제 성립 조건으로 삼아 이를 '유희적으로' 이용했으며, 멤버들의 말과 제스처는 그 속에서 허구(-방송)적 감각과 리얼리티 둘 모두가 뭉뚱그려진, 불투명하고 모호한 위상을 갖게 된다.('대본의 밀감화') 그리고 우리는 거기에서 모종의 진정성을 감지한다. 연극의 제작에 대한 드니 디드로의 격언 "커튼이 올라가지 않은 것처럼 행동하라."는 이제 그의 의도였던 '몰입'에의 요구와는 전혀 다른 방식으로 발음되어야 하는 것이다. 장용호, 노동렬의 논문 「리얼리티 예능 프로그램의 자기조직화에 관한 연구: 「1박 2일」과 「무한도전」의 창의적 생산방식을 중심으로」(2010)는 본문에서 지금까지 전개한 것과 공명하는 논지를 펼친다. "새로운 형식의 예능 프로그램에 '리얼(real)'이라는 수식어를 붙이는 경우가 늘어나고 있다. '리얼'의 개념은 촬영 현장에서 벌어지는 인간 행위의 진실성(truthfulness)을 의미하는 경향이 있다. 근본적으로 인간의 행동은 비선형 과정이며 복잡한 피드백 시스템으로 이루어진다. 지극히 단순한 비선형 피드백 시스템의 역동성조차도 너무나 복잡한 것이기 때문에 실제 발생하는 사실의 인과관계를 규명하기는 어렵다. …… 따라서 '리얼'이라는 단어에는 예측 불가능성을 전제로 한 불확실성(uncertainty)의 개념이 내재되어 있다."

일찍이 「무한도전」 '이후' 변화한 말과 제스처의 위상을 간파했다는 점에서 본 연구는 분명 가치가 있으나, 「무한도전」이 열어젖힌 문은 저자들의 언급처럼 이른바 장르로서의 '리얼 버라이어티'들에만 영향을 행사하지는 않았다. 기존의 TV 예능의 체계에선 '예능화'될 수 없던 '실재'를 최대한 '예능화'하기, 요컨대 그것이 「무한도전」의 논리요 「무한도전」이 바꾼 한국 예능의 패러다임이다.

혹은 역으로, 「무한도전」에 이르러 한국 예능에서 '실재'는 배치 방식에 따라 유연하게 이런저런 '유용한' 힘을 발산할 수 있는 잠정적이고 임시적인 미적 대상이 되기 시작했다. ('콘텐츠'라는 뭉텅이 진 개념의 한국적 판본이 여기에서 출발했다고 한다면 과도한 주장일까?) 이때 중요한 것은 TV 예능의 체계가 무엇을 예외 상태/잉여로 규정하느냐에 있는데, 체계의 '바깥'을 상정하고 그것을 확인시켜야만 거기에서 이런저런 것들을 차용해 자신의 힘으로 전환할 수 있기 때문이다. (에드워드 사이드를 빌려) 약간 과하게 말하자면 제국적 논리. 그런데 '보편'이랄 것이 타자와의 투쟁과 관계 속에서 스스로의 양태를 끊임없이 재구축하듯 TV 예능의 체계 역시 가소적으로 운동한다는 운명적인 사실이 「무한도전」의 논리의 핵심을 건드린다. 특정한 행동이나 이미지를 예외 상태로 규정하고 이용하는 빈도가 높아

질수록 클리셰의 발생 빈도는 그에 비례하며(정준하의 전 매니저 '최코디' 최종훈이 '공식' 연예인이 된 이후로는 「무한도전」에 단 한 번도 출연하지 않았다는 사실을 이 맥락에서 생각할 수 있지 않을까?) 이는 아이러니하게도 「무한도전」의 급진성과 보수성을 동시에 유발한다.

보수성? 「무한도전」의 여러 에피소드가 슬랩스틱코미디에 기반을 둔 게임과 콩트 위주로 진행됐음을 떠올려 보라. 말하자면 최소한의 우회의 장치이자 담보물. 이는 「무한도전」이 자신의 논리로 인해 치러야 하는 대가일 테다. 「1박 2일」, 「신서유기」 시리즈나 「런닝맨」처럼 '「무한도전」적인 것'을 일찍이, 효과적으로 '반복'한 프로그램들의 거의 모든 에피소드를 구동시키는 핵심 동력이 게임이라는 것은, 또 당시 케이블 채널에서도 감당하기 힘들었을 막무가내와 고수위의 수다로 가득 찬 토크쇼 「라디오스타」가 '고품격 음악 방송'이라는 반어적, 자조적 캐치프레이즈를 계속 내건 것은 이 때문일지도 모른다. 물론 이는 패착이 아니라 실패일 뿐이며, 이 보수성이 앞서 거론한 프로그램들이 당대의 시청자들에게 충분히 받아들여질 수 있도록 작동했음은 자명하다. 아니, 「무한도전」, 「1박 2일」

시즌 1, 「라디오스타」 같은 '또래'의 초인기 예능 프로그램들이야말로 급진성과 보수성이 절묘하게 조화를 이룰 수 있던 시대의 정수라 해야 하는 건 아닐까. (나는 노홍철이 「1박 2일」 시즌 1의 멤버였고 「라디오스타」의 첫 회 게스트가 정형돈이었다는 '기막힌' 우연을 떠올리는 중이다.) 그러니 한편으로 그 이후의 프로그램들에게는 이들이 선망의 대상인 동시에 맞닥뜨리고 대결해야 할 대상이었던 것이다.

즉 앞서 말한, 「무한도전」적인 것의 (이전과는 다른 방식의) 존속은 '예능화'될 수 없던 '실재'를 최대한 '예능화'하는 길을 가면서도 이 실패를 (자크 데리다의 표현을 빌려) 상속하려는 예능 프로그램들의 계열 안에서 가능했다. 이렇게 본다면 '리얼 버라이어티'를 표방한 2000년대의 프로그램들 이외에 (특수한) 일상의 예능화를 시도한 2013년 이래의 관찰 예능(이 중에서도 VCR 촬영분과 편집실 촬영분 양자를 적극 활용해 한쪽으로의 전적인 집중을 방해하는 「나 혼자 산다」는 독특한 사례다.)이나 인터넷 방송과 TV 예능 사이의 이중 구속을 전제로 삼은 「마이 리틀 텔레비전」, 그중에서도 프로그램의 전제를 영리하게 이용하여 눕방, 낚방, 말방 등 본인이 하고 싶은 것을 그저 방송에 내보내고도 놀라운성과를 거두었던 이경규의 시도들, 박준형의 「와썹맨」, 장성규의 「워크맨」을 비롯해 '선을 넘는' 캐릭터성과 그것을 증폭/통제하려는 편집 사이의 긴장을 심화된 형태로 보여 주는 최근의 여러 웹 예능들에서도 「무한도전」적인 것은 여전히, 상속의 계열을 그리며 강력하게 존속되고 있다. 말하자면 진정성의 범람.(그리고 그 새로운 기점으로 「가짜사나이」가 출몰한다.)

당연하지만 이는 차곡차곡 순차적으로, 투명하고 자명하게 이루어진 변화가 아니라 이후 이어진 계열 속에서 사후적으로 발견된 바이며, 나아가 「무한도전」적인 것의 성립 자체가 사후적으로 이루어진 것이라 해야 한다. (한편 앞서 언급한 이데올로기의 연장선에서, 어째서 이 계열이 대부분 반−성장적 남성 예능들로 이루어져 있느냐고 반문할 수 있다. 이에 대해서는 김기태의 논문 『「무한도전」에서의 '평균' 남성상의 담화적 구축』이 해답까지는 아닌 힌트를 준다. 또한 「문명특급」은 「무한도전」적인 것에 들러붙은 남성성을 전유한 독특한 사례라 할 만하다.) 여기에서 중요한 것은, 이런 「무한도전」적인 것의 계열 속에서 작금의 지식인들이 말하는 대안적 사실(alternative facts) 내지는 탈진실(post-truth)에 대한 담론과 함께 과

잉 사실(over-facts)의 담론이 (서로의 반대 항으로가
아닌) 대위법적으로 작동하고 있다는 사실이다. 다
른 시기에 촬영된 사건들을 하나의 방영분으로 묶
은 것은 아닌지 팬덤의 차원에서 의문을 제기하고,
생경한 일이 담긴 비디오가 있으면 곧바로 편집 없
는 풀 버전부터 요구하고, 협찬 받은 물품이 협찬
임을 밝히지 않으면 '뒷광고'라고 매도하는 작금.
세계를 경험하고 그 경험을 세계에 재생산하는 우
리의 주체성은 이른바 '탈진실'의 시대만큼이나 그
어느 때보다도 실재의 감각이 강력히 요구되는 시
대를 살고 또 만들고 있다. 이 보편적인 분열성, 혹
은 기괴한 진정성. 이쯤에서 앞서 한 말을 (괄호를
떼고서) 다시 중얼거리고 싶다. '콘텐츠'라는 뭉텅
이 진 개념의 한국적 판본이 여기에서 출발했다고
한다면 과도한 주장일까?

　　잠깐, 나는 「무한도전」이 이 조류를 혼자 낳았
다며 억지를 부리려는 게 아니다. 「무한도전」적인
것의 성립 자체가 사후적으로 이뤄진 것'이라고 말
한 것을 잊지 말아 주시길. 당시의 다른 영향력 있
는 예능 프로그램들(가령 1970년대 말의 「청춘만세」
에서 최근의 「하트시그널」에 이르는 '소개팅 버라이어티'
의 계보를 무시할 수 없다.)은 물론 선진국(특히 일본)

의 형식을 암암리에 적극적으로 밀수하던 한국 문화 시장의 역사, 또 단일한 매체의 역사 세우기의 불가능함이 공공연해진 작금의 이미지 생태계를 생각하면 그건 성급하고 지나친 억지일 뿐이다. 그러나 그럼에도 한국의 문화적 맥락에서 '예능화'될 수 없던 '실재'를 '예능화'하기가 가능하도록, 또 기본값이 되도록 「무한도전」이 길을 텄다는 것만큼은 당신도 이제 충분히 동의할 것이다. (오히려 「무한도전」은 바로 그런 환경 속에서만 가능했던, 나아가 그런 환경을 형식적으로 육화한 극단적인 '한국적' 프로그램이었다.) 한국을 살아가는 우리의 주체성의 주름들을 파악하는 데 「무한도전」은 건드릴 수밖에 없는 돌출부일 것이다.

이것은 영화(가 아니)다?

—「스위트홈」에 대한
노트는 아닌 글

ARRI Alexa LF라는 카메라가 있다. LF라는 이름 대로 35mm 풀프레임보다 조금 더 큰 라지 포맷 (large format) 센서를 탑재하고 있어 얕은 심도, 넓은 화각의 화면을 구현하는 데 아주 용이하고, 화면이 빛의 양에 따라 뭉개지는 것을 방지하는 명확한 HDR과 WCG도 갖추고 있으며, 또 이 장점들 때문에 '공식' 아이맥스 카메라가 아닌데도 아이맥스 인증을 받기도 한, 현재 상용화된 촬영용 디지털 카메라 중 꽤 고급에 속하는 기종이다.

지금 공개된 작품 중에서는 「만달로리안」, 「포드 v. 페라리」, 「백두산」, 「듄」, 「이터널스」 등이 이 기종으로 촬영되었다. 왜 카메라 소개로 글을 시작하고 있느냐 하면 넷플릭스 오리지널 시리즈인 「스위트홈」이 Alexa LF(와 ARRI의 시그니처 프라임 렌즈)를 사용한 국내 첫 드라마이기 때문이다. 잠시 간단하게 상상해 보자. 8개월에 달하는 긴 (사전) 제작 기간 동안 3500평 이상의 거대하고 정교한 세트장에 젊은 신인 배우들을 주연 삼아 고급 카메라 앞에 데려다 놓고 움직이는 촬영 현장. 여기에 (애니메이팅이 다소 어색하긴 했지만) 괴물들을 제대로 구현하기 위한 CG 공정까지 셈해야 한다. 나에게 있어 어째서 이 정도의 물량 공세를 퍼부어야 했는지 이해가 안 갈 만큼, 형편없다는 말도 적합하지 않겠다는 생각이 들 만큼 형편없는 「스위트홈」에서 인상적인 유일한 지점은 이런 어마어마한 물적 요건이었다. 왜? 「스위트홈」이 저 요건에도 불구하고 영화가 아닌 드라마로 분류되기 때문이다.

영화에 대한 말에서 종말론의 계절을 넘어선 작금의 평균적 수사는 모든 영상 양식을 '무빙 이미지'라는 개념에 용해하는 차이 없는 평등론을 펼치기 일쑤지만, 그리고 그런 사고가 반드시 틀린 것은 아닐 테지만, 나에게 쟁점으로 인식되는 것은 본질적으로는 같으나 서로 다른 영역으로 '성립된' 양식들이 서로를 무어라 인식하고 서로에 어떤 영향을 주고받았는지에 대한 구체적인 과정이다. 현상을 야기한 '보편적'이고 '객관적'인 힘의 정체를 파악하는 데는 이쪽이 훨씬 적합할 것이다. 그렇다면 이 자리에서는 영화와 드라마의 관계에 대해 생각해 보고 싶다. 오늘날 한국 드라마의 제작 환경이나 촬영 장비가 영화의 그것과 큰 차이를 찾기 힘들 만큼 발전하고 있음은 거의 상식이다. 촬영 장비의 경우 2009년을 기점으로 TV 드라마의 화면 송출 및 재생이 SD에서 HD 포맷으로 완전히 전환되면서 (출발선을 그은 「추노」 이후) 레드원을 비롯한 4K급 이상의 고성능 카메라가 빈번히 쓰이기 시작했고, 곧 드라마에서도 '영화적'이라고들 하는 고난도의 카메라 테크닉, 깊은 심도나 독특한 색감의 구도, 24프레임의 영상을 볼 수 있게 되었다. 심지어 요즘은 (방송국에서 방영하는 것 중 가장 저가의 드라마인) 아침 드라마에서도 야외 신은 웬만해서는 24프레임으로 찍는다! 그리고 2021년 초의 우리 앞에는 「경이로운 소문」, 「빈센조」, 「스위트홈」처럼 웬만한 상업 영화들과 비교했을 때 더 '개성적'이려 하며 기술적으로 신경 쓴 드라마들이 있다. 드라마들은 '영화적'인 것을 차용하여 점점 더 영화를 닮고 싶어하는 것 같다.

하지만 그냥 이렇게만 말해도 괜찮을까. 한국

에서 드라마가 영화를 닮고 싶어한다는 말은 더 큰 상황을 지시할 수 있지 않을까. 「스위트홈」은 어쩌면 그 (기점은 아니나) 주요 사례 중 하나로 우리네 역사에 등장한 게 아닐까? 물론 제작 환경의 하이-테크화에 따라 「스위트홈」에서 영화적인 것을 발견할 수 있다고, 마치 흔해 빠진 게으른 기자들처럼 말할 생각은 아니다. (여기에서는 빈곤의 조건 속에서 만들어지는 영화들의 경우, 나아가 '영화적'인 것의 궁극적인 정체에 대한 규명은 일단 차치하자.) 그러나 「스위트홈」에서 그것이 '영화적'인 것이 된다고는 생각한다. 이 말은 말장난이 아니다. 나는 지금 다음과 같은 사례들을 더 떠올리고 있다. 「쓸쓸하고 찬란하神: 도깨비」의 (우리가 흔히 시네마스코프 비율이라고 부르는) 21:9 비율의 플래시백, 「나쁜 녀석들: 더 무비」의 (국내 시장에서는 극히 드문) TV 드라마 후속작으로서의 영화라는 위치, 2018년 이후 갑자기 늘어난, 영화배우 혹은 영화감독으로 자리매김한 이들의 TV 드라마행, 자사의 드라마들을 '드라마틱 시네마'라고 명명한 OCN, 「닥터 프리즈너」나 「검법남녀」 시리즈에서 「스위트홈」에 이르기까지 폭력을 주요 소재로 다루는 드라마들의 (김혜리 평론가가 명명한 이래 트위터 등지에서 조롱조로 '암청색 영화'라 불리는 한국 영화들의 특징인) 무거운 색감을 배경으로 한 뚜렷한 대비와 명암의 라이팅 연출. 곧 고급 표현 수단으로 불려 나오는 영화적인 것. '고품질 텔레비전(quality television)' 논의의 대표주자인 로버트 톰슨은 여기에서는 할 수 있는 말이 별로 없을 것이다.

이렇듯 드라마가 영화를 닮아 간다는 말은 (작품의 질적 상승과는 큰 상관 없이) 말 그대로 영화(의 외양)를 닮아 가려 하는 것인데, 그 동기 자체는 작품의 질적 상승 추구인 것이다. 이런 사례들은 차라리 ('팬픽'이라는 말을 거의 대체한 듯한) '포타'를 이루는 이른바 순문학적 묘사와 내재적으로 공명하는 것처럼 보인다. 이 뒤엉킨 듯한 서술을 조금 풀어 보자. 사람들이 A가 아닌 B를 두고 'A적'이라고 말할 때 진정으로 표상되는 것은 사람들이 A를 무어라 인식하고 있는지에 대한 것이듯(방금 내 엉덩이에는 솔 크립키의 꼬리표가 추가됐다.) 국내 드라마들이 갈수록 더 거대해지고 개성적이 되려 할 때 그 모델이 (한국) 영화인 것에서 우리는 영화에 대한 드라마의 르상티망(ressentiment, 권력의지로 인해 발생하는 원한, 분노, 시기, 질투 등의 감정)을 엿보게 된다. 이 르상티망이 전개되는 양상을 지적하거나 설명하는 데에는 큰 어려움이 없다. 그보다 어려운 건 이 르상티망의 이유를 설명하는 것이다. 자본의 투여량에 따른 열등감이라고 말한다면, 모든 회차가 사전 제작되고 프로덕션에만 300억 원 이상의 예산이 투여되는 '텐트폴 드라마'가 한국에서도 갈수록 늘어나는 현재에는 곧 자연스럽게 해소될 일일까? 사람들이 영화 대신 TV로 몰려갔기 때문이라고 말한다면, '콘텐츠'의 시대에 그건 못해도 10년은 늦은 말이라고 받아쳐야 할 테다. 이런 문제틀에서 조금 빠져나와서 돌아보자면, 드라마의 근원적 무의식이랄 것에서 그 이유를 찾을 수 있을 것이다. 즉 여기에서 문제 삼을 것은 드라마의 '고품질'화(라는 부차적 문제)가 아니라, (TV) 드라마가 20세기의 이미지 생태계에서 역사적으로 맡은 역할과 그로 인해 영화와 맺게 된 관계다.

이제 와 돌이켜 보면 (예컨대 1950년대 미국에서 그러했듯) TV의 대중화에 물량 공세로 대응한 (극장-)영화의 시도에 의해 외려 명확해졌던 것이지만, TV의 역할이란 일차적으로는 영화가 바야흐로 (아주 부르주아적인 의미에서) '예술'의 위상을 얻으면서 내친 '적당히 덜 예술적'인 장르들(뉴스, 스포츠 이벤트, 오락, 광고, 교육적 목적의 영상 등)을 위한 창구가 되는 것이었으며, 궁극적으로는 극장, 필름, 시차 등 시네마토그래프 모델의 '장치', 혹은 영화적이라 할 만한 미장센/데쿠파주가 느슨해지거나 거의 소진된 상태에서도 영화(적 이미지)가 충분히 성립 및 유통 가능함을 극히 범용한 방식으로 폭로하고 표준화(단적인 예로 '말하는 얼굴들(talking heads)'이라며 조롱받곤 하는, 드라마에서 종종 길고 단조롭게 이어지는 클로즈업 위주의 실내 대화 신을 떠올려 보자.)하는 것이었다. "텔레비전 장치는 …… 상이한 수준의 이미지들이 서로 전이되는 것을 용이하게 한다."라는 레몽 벨루의 말. 혹은 모든 방송을 생방송으로만 송출할 수 있었던 초기 TV의 제약을 두고 "영화가 오래전부터 잊고 있던 반(半)즉흥성, 즉석에서 작업하는 것의 장점을 알려 준다."라면서 거기에서 현전성의 현시를 도출한 앙드레 바쟁의 '예언'. 그 잠재성으로만 본다면 TV는 그때까지 존재한 어떤 매체보다도 (사물에 대한 직접적 경험의 교육법을 추구한) 코메니우스적 이상에 걸맞는 매체였다.

물론 역사는 그런 잠재성이 (긍정적으로) 만개하도록 흐르지 않았고, 특히 경제의 차원은 TV로 하여금 '예술'이 되려 하는 영화를 적극적으로 모방하는 한편(덜 추상적인 연극적 미장센이 영상으로 복귀

하는 데 TV는 큰 역할을 했다.) 광범위성/즉각성이라는 TV 매체의 특성이 '스펙터클'에 복무하도록, 나아가 '민주주의에 대립'(데이비드 조슬릿)하도록 이끌었다. (이 점에서 우리는 "TV는 이미지가 아니다."라는 장 보드리야르의 말을 양가적으로 써먹을 수 있다.) 그중 TV 편성 시간이 늘어나면서 불가피하게 태어난 데다, '영화 이후' 처음 등장한 허구적 영상 양식이라는 점에서 이전에 극영화가 걸어온 길(보드빌/무대 연극의 전통, 초기 영화의 '연쇄극' 형식, 다수의 카메라, 그리고 어법)을 한꺼번에, 상대적인 빈곤의 조건 속에서 뒤적거려야 했던 드라마는 영화의 위상을 더더욱 신경 쓸 수밖에 없었다. 앞서 말한 드라마의 무의식이란 바로 이렇게 형성된 것이다. 거칠게 쓰자면, 드라마의 역사란 '이것은 영화가 아니다.'라는 무의식이 긍정과 불안이 뒤범벅된 채 표출된 궤적이며, 이 중 후자인 불안의 판본이 바로 드라마의 르상티망의 원형이다.

클로즈업이라는 형식과 클로즈업의 역량을 동일시해 클로즈업을 남발하거나, 라이너 베르너 파스빈더, 라울 루이스, 마노엘 드 올리베이라 등의 모더니스트 영화 작가들과 협업해 미니 시리즈를 제작하거나,(이들은 자신의 가장 야심 차고 뛰어난 작업들을 TV에서 공개했다.) HBO를 비롯한 케이블 TV 네트워크의 발전 속에서 더 어둡고 더 심층적인 (브렛 마틴의 책 제목을 빌리자면) '까다로운 남자들(Difficult Men)'의 소재와 이야기에 빠지거나, 「왕좌의 게임」처럼 유례없는 초대규모 드라마를 진행하는 등의 상이한 사례들(의 한 측면)에서 우리는 (결과물의 '의도'는 조금 결이 다를지언정) 오랫동안 디폴트로 설정되어 있는 이 르상티망을 발견할 수 있다. (여기에서 문득 국내 웹 소설 비평이 이런 르상티망을 반복하고 있다는 생각이 든다. 정작 그들이 다루는 작품이야말로 정전을 그저 데이터 더미로 취급하는데 말이다.)

그렇다면 왜 2010년대 들어 한국에서 '고급 표현 수단으로 불려 나오는 영화적인 것'의 사례들이 급증했는지에 대해서도 이제 말할 수 있다. 종편 개국과 케이블 채널의 발전으로 한국의 드라마 제작 시장이 급격히 확장된 이 시기에 드라마의 '품질'에 대한 관심(혹은 간섭)도 그에 비례해 증폭되면서 그간 미미하게 표출되던 이런 르상티망이 한국적 맥락 안에서 한꺼번에 폭발한 것이다. 그리고 국내 시장에 진출한 넷플릭스 오리지널 시리즈들은 이에 박차를 가하고 있다. 그 점에서 「스위트홈」

은 (기점은 아니나) 주요 사례 중 하나일 수 있다. 그런데 이 와중에 영화는 어떤 일을 겪었던가?

오늘날 거의 모든 시각 양식의 근원이요 여전히 중심적인 위상을 점하고 있는 '원 오브 카인드'로서의 영화, 그러나 동시에 자신을 대체하거나 전혀 다른 즐거움을 줄 수 있는 양식들이 끊임없이 늘어 감에 따라 끊임없이 제 기능과 영향력을 상실하는 '원 오브 뎀'으로서의 영화. 개별 작품이 눈에 띄는 기능과 영향력을 발휘하더라도 그건 구조로서의 영화와는 전연 상관없다. 그렇게 영화는 다른 양식들에 직접 나눠 줄 무언가가 거의 없는 올드미디어가 되어 간다. 영화의 역할의 상당수를 부담한 뉴미디어였던 TV가 이제 그 역할을 또 다른 매체들에 나누고(가령 웹 드라마로 자리를 옮긴 '전통적' 청소년물, MTV에서 유튜브와 틱톡으로 자리를 옮긴 뮤직비디오) 자신을 이루는 콘텐츠들은 점점 더 '고품질'화하는 계단식 배분은 TV 역시 올드미디어가 되기 직전이라는 명백한 징후일 것이다. 사실 "요즘 누가 TV를 봐?"라는 말이 흘러나온 지 이미 한참 되지 않았던가? 이런 면에서도 드라마는 영화가 (1950년대에) 지나온 길을 비슷하게 걷는다. 그리고 TV를 비롯한 온갖 스크린-디바이스에 발을 걸

치고 있는 넷플릭스는 주지하듯 '고품질'과 '예술성'을 표방하는 오리지널 시리즈를 그것도 한 시즌씩 통째로 공개하며 이런 흐름에 박차를 가하고 있다. 영화가 '원 오브 뎀'으로 격하되는 양상 속에서, 이제 드라마의 르상티망은 영화 자체를 대신하겠다는 열망으로 표출되고 있는 것만 같다. (장뤽 고다르 식으로 약간 고약하게 말하자면) 이미지 생태계에서 코로나19는 그런 열망을 확실히 승인하기 위해 도래한 파국은 아닐까? 당연하지만 나는 지금 어떤 비관도 낙관도 없이 말하는 중이다. 단지 그것은 일어나고 있는 일일 뿐이다.

너무 접촉하거나
너무 떨어지거나, 혹은……
─「킹덤: 아신전」을 위한 각주

'상품은 수요가 있기에 생산되고 거래된다.'

이 명제는 과연 온전히 참을 말하고 있는가? (흔히 부정적인 뉘앙스로 쓰이는) '형식적 수준'이라는 수사를 생각해 보자. 또 (시청률 한 자릿수를 겨우 찍는) 공중파 방송국의 수목 드라마들을 생각해 보자. 그리고 (멀쩡한 작물도 갈아엎게 만드는 지표인) 물가라는 개념에 대해 생각해 보자. 그럼에도 이 명제는 온전히 참을 말하고 있는가? 세상에 수요가 완전한 0으로 수렴하는 경우는 당연히 거의 없을 테지만, 그럼에도 생산과 거래의 프로세스가 전적으로 수요 때문에 작동한다고 보기는 어려울 것이다. 이런 때에는 역으로 거래가 선재하기에 상품이 '하여튼' 발생한다고 보는 게 정확하지 않을까?

살아남기 위한 선택 중 몇 가지가 반복되면서 리듬이 되고, 그 리듬이 반복되면서 규칙이 되고, 그 규칙이 반복되면서 제도가 될 때 선택과 제도 사이에는 넓은 간극이, 즉 자율화된 제도의 힘이 선택을 역전하는 미스터리한 현상이 발생한다. 곧 개개의 사물로서의 성질을 압도하는 상품으로서의 성질. 물론 이에 대해서는 이미 지난 19세기에 위대한 마르크스가 끈기 있게 설명해 주었다. 가령 『자본론 1』초반부에서 "가치로서 상품의 객관적 성격은 순수히 사회적인 것"[1]이라고 단언하는 대목을 떠올려 보자. 그가 이 미스터리한 현상을 대면하면서 물신이라는 개념을 이용했을 때 드러나는 것은, 상품으로서의 성질이란 언제나 행위자들 사이의 축적된 관계가 사물을 통해 육화된 결과라는 사실이다. 그 관계는 상품화에 투여된 인적 노동이기도 하지만 생산량이기도 하고, 거래자들 사이의 심리이기도 하며, 나아가 객체로서의 현실이 존재하고 유지되는 방식 자체이기도 하다. 즉 자본주의의 조건이요 성질로서 사물에 선행하는 관계성. 그렇기에 첫

---

1   카를 마르크스, 김수행 옮김, 『자본론 1: 상』(비봉출판사, 2015), 60쪽.

문장은 이제 이렇게 바뀌어야 할 것이다. '상품은 관계가 있기에 생산되고 거래된다.'

그렇다면 약간 바보 같은 질문을 여러분에게 제기해 보고 싶다. 「킹덤: 아신전」(2021, 이하 「아신전」)은 대체 뭘 위해 만들어진 작품일까? 90분을 조금 넘는 러닝 타임 이후 내게 가장 처음 든, 그리고 가장 굵직한 질문은 바로 이것이었다. 오해를 피하고자 서둘러 부연하건대 「아신전」의 만듦새나 제작 의도를 조롱하고자 이런 말을 하는 게 아니다.(물론 별 볼 일 없는 작품이긴 하지만 말이다.) 이 질문은 다음과 같은 의미로 읽혀야 한다. 이런 경우가 지난 역사에 얼마나 있었던가? 「킹덤」 시즌 2(2019) 마지막 시퀀스에 깜짝 등장해 많은 이들의 주목을 끌었던 전지현-아신의 전사(前史)를 보여 주는 이 '스페셜 에피소드'는 자신이 속한 위치로 인해 유독 이질적으로 보인다. 어떤 위치? 넷플릭스 오리지널 시리즈인 「킹덤」의 외전-프리퀄이라는 위치. 극영화나 드라마 같은 허구적 영상 양식들에 조금이라도 관심이 있는 이라면 통상적인 외전-프리퀄이란 독자적인 팬덤이 크게 생길 만큼 인기가 많은 캐릭터를 중심으로 만들어진다는 사실을 알 것이다. (당연하지만 여기에는 부가 상품의 논리가 배경으로 깔려 있다.) 그런데 아신이 과연 그런 정도의 캐릭터인가?

앞서 말했듯 「킹덤」 본편에서 아신은 그저 깜짝 등장해 주목을 끌었을 뿐 아직 구체적인 캐릭터성을 부여받지 못했다. 아니, 곧바로 이어진 「아신전」을 염두에 두면 부여받지 않았다고 하는 게 정확할 것이다. 더군다나 아신의 어린 시절이 꽤 오래 제시되어 러닝 타임의 절반이 지나고 나서야 우리가 아는 전지현-아신을 만나게 되기에 「아신전」이 오로지 전지현이라는 스타를 위해 기획되고 만들어진 작품이라고 말하기도 어려워진다. 「아신전」은 마치 한참 진행되던 「킹덤」의 플롯을 갑자기 중단시키고서 펼쳐지는 비인칭적 플래시백처럼 느껴진다. 달리 말해 이 '스페셜 에피소드'는 우리가 아는 게 없는 캐릭터인 아신을 갑자기, 최대한 세세하게 우리에게 알려 주고 있다. (「아신전」에 대한 한 기사를 보면 "낯선 배경과 인물에 거부감이 들지 않도록 별도로 이야기를 구성"했다는 제작진의 말을 볼 수 있다.[2]) 그래, '갑자기'라는 말이 중요하다. 나는 영

---

2 민경원, 「전지현 가세한 K좀비, 핏빛 스토리에 한을 더했다」, 《중앙일보》, 2021년 8월 3일 자.

화나 드라마에서 이렇게 친절한 프리퀄을 본 기억이 없다. 대체 「아신전」은 뭘 위해, 어떤 관계 속에서 만들어진 상품일까?

약간 서둘러 본론부터 말하자면, 원전으로서의 본편과 파생작 사이의 관계에서 기존의 모델들의 작동 방식이 어떤 흐름으로 인해 뒤틀린 결과가 바로 「아신전」이라는 것이 나의 의심이다. 그렇다면 이 의심을 구체적으로 풀기 전에, 혹은 풀기 위해 '기존의 모델들'이란 무엇인지 살펴볼 필요가 있다.

TV적 스토리텔링의 도식을 제공한 데이비드 아우어바흐의 「연속극 텔레비전의 우주론(The Cosmology of Serialized Television)」[3]을 약간 베껴, 드라마/TVA 같은 원전과 극장판/OVA/게임 같은 파생작 사이의 관계에 내러티브의 성질을 주조하는 어떤 모델들이 작동하고 있는지를 생각해 보자. 다만 여기에서 모델이란 어떤 형식을 필수적으로 요구하는 구체적인 장르들의 분류가 아니라 관계 속에서 현행화되는 힘의 모델인데, 후자의 방법을 취해야만 개별 작품의 의미를 과하게 축소/일반화

---

3   David Auerbach, "The Cosmology of Serialized Television", The American Reader, June 25 2013.

하는 오류에 빠지지 않으면서 작품들에 대해 얘기할 수 있을 것이다. 원전과 파생작 사이의 관계성을 '하여튼' 연결로 규정할 수 있다는 전제 아래 (그리고 「신세기 에반게리온」(1995~1996)을 기준으로 예를 들면) 수축 연결, 확장 연결, 평행 연결로 도식을 세우고 싶다.

먼저 수축 연결은 원전의 설정 및 요소들을 축약하거나 더 이상의 진행이 불가하도록 결론을 짓는 등 이야기의 연쇄가 갖는 복잡한 가능성을 정리해 하나의 소실점으로 수렴시키려는 힘이다. 수축 연결의 목적은 무엇보다 관객의 '결말에 대한 의식', 즉 갈등의 효과적인 종결(『픽션의 형태(The Shapes of Fiction: Open and Closed)』의 저자들이 말하듯 이 말은 '해결'만을 지시하지는 않는다.[4])에 대한 갈망을 충족시키는 데에 있다. 여기에서 총집편, 하이라이트, 최종장 등의 개념들은 수축 연결의 서로 다른 강도의 결과물이 된다. (팬들을 위한 총집편이라는 점에서 「사도신생」(1997)은 수축 연결로서의 방향성이 크다.)

4   Gross, B. & Giannone, R., The Shapes of Fiction : Open and Closed(Holt, Rinehart and Winston, 1971), p.6.

두 번째로 '결말에 대한 의식'의 반대에 놓여 있는, 가능한 한 오랫동안 픽션을 향유하고자 하는 '지속에 대한 의식'을 충족시키는 데에 목적을 둔 확장 연결은 설정 및 요소들을 원전의 상태가 '직접' 연장되는 와중에 변주를 가하거나 다른 요소들을 덧붙임으로써 서사의 새로운 연쇄 상태를 구축하려는 힘이다. 우리네 시간선상에서 해당 파생작이 원전의 공개 이후 우리 앞에 등장했으며, 또 원전과 같은 세계관을 갖고 있다면, 파생작의 시간적 배경이 원전에 대해 이전이든 이후든 큰 상관은 없다. 고로 공식 시퀄뿐 아니라 외전과 프리퀄 역시 확장 연결의 강도가 높아진 결과물로 여길 수 있을 것이다. (직접적인 후속편이라는 점에서 「엔드 오브 에반게리온」(1997)은 확장 연결로서의 방향성이 크다.)

마지막으로 평행 연결은 '이야기의 새로운 연쇄 상태를 구축'하고자 하는 점에서는 확장 연결과 유사하지만, 원전의 요소 및 설정에 내포된 가능성을 새로운 배경 속에서 재활성화하기, 즉 다른 방식으로 향유되도록 하기를 목적으로 삼는 유연한 힘으로 작동한다는 점에서 차이가 있다. 주로 리부트나 스핀오프, TVA에 기반을 둔 극장판 같은 개념에서 그 강도가 높아진다. 직접적인 연결성은 낮지만 매드 무비나 동인지 같은 팬들의 2차 창작도 함께 거론할 수 있을 것이다. (코믹스(1994~2013)와 신극장판(2007~2021)은 기본적인 캐릭터와 설정만 공유하는 평행 연결의 방향성이 크다.)

앞서 말했듯 여기에서 제안한 모델들은 결코 절대적이지 않다. 웬만한 속편들이 확장이면서 수축이기도 하다는 데에서 알 수 있듯 하나 혹은 복수의 작품 속에서 서로 교착하고 대결하며 내러티브의 성질을 구성한다. 예를 들어 가장 성공한 프리퀄 기획 중 하나인 '엑스맨 비기닝 시리즈'를 떠올려 보자. 원래 새로운 시리즈를 위한 리부트였던 「엑스맨: 퍼스트 클래스」(2011)가 후속작의 감독 브라이언 싱어의 아집 때문에 온갖 모순에도 불구하고 '사후적으로' 모든 엑스맨 시리즈의 프리퀄이 되었을 때, 그리고 싱어가 그 후속작인 「엑스맨: 데이즈 오브 퓨처 패스트」(2014)에서 프리퀄과 시퀄의 성질을 통약 가능한 것으로 뒤섞고 작품을 모종의 최종장으로 만들었을 때 이 모델들은 유동성을 극단적인 방식으로 증명한다. 이 예시가 너무 과하고 소수만의 것으로 느껴진다면 좀 더 복합적인 대상들을 열거할 수도 있다. 오시이 마모루의 「시끌별 녀석들 2: 뷰티풀 드리머」(1984)는 원전인 만화/

TVA「시끌별 녀석들」의 평행 연결로서의 극장판을 표방하고 있으나 자기비판적 태도를 전면화해 원전을 간접적으로 결산하려 한다는 점에서 수축 연결의 방향성을 은연중에 가진다.(TVA의 총감독이기도 했던 오시이 마모루는「뷰티풀 드리머」의 개봉으로부터 불과 약 한 달 이후 TVA의 총감독직을 내버렸다.) 영국의 저 유명한「닥터 후」(1963~)처럼 몇 세대를 관통할 만큼 오랜 기간 시리즈를 이어 온 작품이라면, 팬심으로 자기만의 설정을 짜고 팬덤 안에서 소규모로 유통시키던 이들이 훗날 공식적인 원전의 작업에 참여해 평행 연결을 확장 연결로 변이시킬 수도 있다.

　「신 의리 없는 전쟁」(1974~1976)이나 '매드 맥스' 시리즈는 후속작마다 세계관의 리부트를 거듭하는 사실상 별개의 작품 간의 느슨한 묶음이지만 종종 (주로 팬 서비스를 위한) 전작에 대한 기시감을 연출함으로써 작품들에 확장 연결의 방향성을 부여하곤 한다. 여기에서 확장 연결의 방향성이 더 커진다면 오노레 드 발자크의 인간 희극부터 오버플로의 토마루 월드나 마블 시네마틱 유니버스에 이르는, 개별 작품들을 전부 포괄하는 거대한 세계관을 구축하려는 시리즈가 될 것이다. (하지만 이 경우에 대다수는 캐릭터들 사이의 크로스오버 정도로만 성립된다. 마블 시네마틱 유니버스의 흔하디흔한 설정 충돌을 생각해 보라.) 한편 이런 힘의 모델들의 연계를 급진적으로 사유하고 활용한 당대적 사례로는 단연 데이비드 린치의 「트윈 픽스: 귀환」(2017)을 들 수 있다. 이때 트윈 픽스라는 허구적 장소는 세 가지 모델이 동시에 비슷한 강도로 작동하며 서로 다른 시간성이 그 어느 때보다 무차별적으로 교차하고 중첩되는 장이자, 동시에 서로 다른 시간성의 통약 불가능함이 극단적으로 전면화되어 주체에 무한한 혼란을 가하는 장으로 기능한다.

그렇다면 「아신전」은 어떤가? 여기에서는 이전의 메인 플롯과 다가올 메인 플롯에 직접 긴밀히 접속되는 프리퀄로서 확장 연결의 방향과, 우리가 아는 「킹덤」의 배경에서는 생경한 맥락을 다루는 스핀오프로서 평행 연결의 방향이 팽팽하게 대결한다. 당연히 프리퀄과 스핀오프가 온전히 한 몸일 수는 없(지만 그런 역설은 앞선 「엑스맨」의 경우에서처럼 무수히 일어나)고, 「아신전」 역시 '하여튼' 프리퀄이긴 하나, 「아신전」을 프리퀄로 봐야 할지 스핀오프로 봐야 할지 헷갈린다는 시청자들의 반응은 여전히 쉽게 찾을 수 있다. 앞서 말했듯 문제는 '갑자기'라는 시점에서 아신의 모든 것을 알아야 한다고 요구하는 타이밍에 있다. 그 타이밍이 평행 연결의 방향을 소진시키는 대신 유지시켜 작품의 위상이 뒤틀리고 애매해진다. 충무로에서 사람들의 입과 귀를 오가는 어떤 소문이 있다는 건 나 역시 알고 있다. 하지만 온전히 그것에 기반해 작품을 설명하려 들어서는 안 될 것이다. 「아신전」의 내러티브의 성질에 대해 정확히 알기 위해서는 눈을 다른 곳으로 돌릴 필요가 있을 것 같다. 더 넓은 생태계 속에, 보다 정확히 오늘날의 웹 소설의 흐름과 「아신전」을 대질해 보면 어떨까?

사실 「아신전」에서 친절하다는 수사는 다른 면에도 적용할 수 있다. 「킹덤」에, 나아가 장르로서의 좀비물에 선행된 맥락을 아는 이에게 「아신전」이 좀비의 설정을 이용하고 시청자에게 제시하는 방식은 매우 익숙하면서 설명적으로 보일 텐데, 사실 「아신전」 스스로가 그렇게 인식되길 바란다.(어린 아신이 생사초를 발견할 때 절로 긴장하게 되는 우리) 세상에 대한 아신의 원한을 축적시킬 요소들은 너무나 절묘한 순간과 장소에서 착실하게 아신과 마주친다.(지난 세월 동안 몇 번을 오갔을 파저위의 본거지를 다시 한번 염탐하다 '하필' 그 타이밍에 죽은 줄

알았던 아버지를 만나는 아신) 조선에 대한 아신의 첫 복수는 아주 완벽하게 실현되어, 아신이 마치 초월적인 존재인 것처럼 보이게 한다.(아신은 단 한 순간도 당황하지 않고 느긋하게 살육을 감행한다.) 그러면서 좀비라는 설정은 여기에서 아신의 복수, 아니 복수하는 아신을 구축하기 위한 담보물이 되어 간다. 「아신전」과 오늘날의 웹 소설을 한 손에 담을 수 있다면 이 다면적인 친절함이 그 이유일 것이다. 장르와 내용을 분간할 수 있는 요소들이 직설적으로 명시된 제목, 단순화된 플롯과 묘사, 높은 밀도의 대리 만족, 종종 당황스러울 만큼 전면화되어 다뤄지는 클리셰들, 못해도 독자만은 알게끔 하는 서사 내적인 정보 통제는 웹 소설의 주된 전략이 된 지 오래다.

다만 이 친절함이 모두에게 온전히 열려 있지는 않은데, 예컨대 「내 최애는 악역 영애」, 「문과라도 안 죄송한 이세계로 감」, 「데뷔 못 하면 죽는 병에 걸림」 등 장르화된 회빙환(회귀, 빙의, 환생) 코드의 인기작들이 이 장르의 클리셰들에 대한 숙지를 독자 앞에 문턱으로 세우는 것을 떠올려 보자. 이 문턱은 이전에 '소설'이나 '영화' 앞에 붙던 접두사 '장르'보다 더 높아서, RPG 이후의 판타지 소설에 대한 리터러시가 부족한 독자가 '상태 창 UI는 대체 누구로부터 주어지는 것인가?'라는 (근본적인) 질문을 제기하는 순간 어떤 대화도 진전될 수 없게끔 만든다. 세계관, 전생을 하게 된 연유, 행위의 개연성에 대해서도 당연히 같은 말을 할 수 있다. 이런 정도의 문턱이 어째서 충분히 허용되는가? 세세한 설명은 이전의 문화에서 다 해놓았기 때문이다. 과거의 문화적 생산물이 데이터베이스에 과도할 만큼 방대하게 축적되어 있고 몇 개의 링크만 거치면 원하는 '데이터'(에 대한 요약)를 쉽게 찾아볼 수 있는데, 작품 안에서 설정에 대해 굳이 더 설명하고 또 설명을 들을 필요가 있는가?(회귀나 환생 전의 삶이 완전히 망했거나 지극히 수수한 것은 이런 맥락에서 징후적이라 하겠다.) '사이다 패스'[5]와 '히전죽'[6] 등 대리 만족의 과도한 추구에서만 (회빙환 코드에서 과시적으로 육화되는) 오늘날의 웹 소설의 특징을 찾는 게 글러먹은 이유가 바

---

5 주인공이 빠르게 성장하고 이를 통해 곧장 전지적 위치를 얻게 되는 '사이다'적 전개만을 웹 소설에 요구하고 찾는 독자들을 비꼬는 말.

6 '히로인이 되기 전에 죽입시다'의 준말로, 주인공의 행보에 방해가 될 만한 히로인을 사전에 차단하여 감정이나 인간관계의 요소를 최대한 줄이는 웹 소설 전개 방식을 이르는 말.

로 여기 있다.(애초에 대리 만족의 추구가 주가 아닌 이야기 문화가 인류에게 얼마나 있었나? 물론 그것의 과도화에는 주목해야겠으나 그것만이 변수는 아니다.) 회빙환 코드에는 세계관 설정과 개연성에 대한 설명을 축약하(면서 조금씩 변주할 수 있)는 유용성과, 코드에 대한 선행된 숙지와 이해라는 대가성이 공존한다. 작품 바깥의 서사와 맥락을 가시적으로 전제하고 암시하고 거기에 의존하기. 앞서 제기한 모델들을 다시 끌어와 말하자면, 이러한 웹 소설들은 기존에 축적된 데이터베이스에 대한 평행 연결이자 확장 연결로서의 파생작이기를 자임한다. 물론 이때의 데이터베이스는 (모더니즘 문학이 신화와 고대 문학을 패러디했던 것처럼) 지식과 비판의 조건이 아닌, 프레드릭 제임슨이 말한 패스티시의 조건으로 작동하고 있다.[7]

그렇다면 제대로 물어보자. 오늘날의 웹 소설의 조건이자 동시에 웹 소설이 승인하는 것은 무

---

7   제임슨에 따르면 패러디와 패스티시는 기본적으로 스타일에 대한 모방이란 점은 같으나, 전자가 스타일의 존재를 전제하는 것이라면 후자는 스타일의 부재를 전제 삼는 것이라고 구분한다. 패스티시는 조롱할 수 있는 언어적 규범의 가능성, 곧 유머 감각을 상실해 오로지 외양의 현란함만이 남은 공허한 패러디다.

엇인가? 그것은 (거듭 말하건대) '사이다'이기 이전에 주어진 형식에 대한 불신일 것이다. 상품과 정보가 과포화의 수준으로 쌓인 데이터베이스, 그것을 다루는 (히토 슈타이얼이 리모트 컨트롤-옹시라 부른) '전지적'인 수준의 자율적 정보 취합 방식은, 픽션을 구축하는 형식이 주어진 그대로 설득력 있게 성립될 수 있다는 고지식한 믿음을 보편적으로 불가능하게 만들었다. 그런데 문제는 앞서 암시했듯 오늘날의 거의 모든 웹 소설이 믿음의 불가능에 대처하는 일에서 자신의 눈앞과 발밑에 있는 '실재'의 상태를 직면하는 방법을 개발하려 애쓰는, 지식이 특권화했던 윤리를 추구하는 대신 (창작자든 소비자든 간에) 데이터베이스를 자연화하고 거기에 몰두함으로써 믿음의 불가능을 대체하려는 지극히 실정 지향적 방향으로 나아가면서 제 성질을 갖춘다는 데 있다.(「소설 속 엑스트라」처럼 소설/만화/게임 등 극중극의 엑스트라를 주인공으로 삼는 웹 소설들, 그리고 그런 웹 소설들에서 극 속 세계를 선명히 수치화하는 상태 창을 떠올려 보자.)

여기에서 우리는 "'형식'에 대한 과소 몰입을 하나의 증상으로 마주하"며, 이 증상을 겪는 작품들은 "형식에 대한 지독한 불신을 말하면서도 여전히 형식 속에서 거주하고 있다."[8] 요컨대 웹 소설로 넘어왔을 때 우리는 (켄들 월턴의 저 유명한 책을 떠올리며) 다음과 같은 질문을 인지해야 하는 것이다. '믿는 체하기'가 더 이상 고스란히 성립될 수 없는 환경에서도 '믿는 체하기'를 실행하려면 어떻게 해야 하는가? 곧 풀어헤쳐진 현실 감각의 주조라는 난관. "장르와 내용을 분간할 수 있는 요소들이 직설적으로 명시된 제목, 단순화된 플롯과 묘사, 높은 밀도의 대리 만족, 종종 당황스러울 만큼 전면화된 채 다뤄지는 클리셰들, 못해도 독자만은 알게끔 하는 서사 내적인 정보 통제", 곧 "데이터베이스에 대한 평행 연결이자 확장 연결이기를 자임"하는 것은 바로 이런 질문에 대한 안전한 대답이다.

　「아신전」과 오늘날의 웹 소설을 한 손에 담을 수 있다는 말을 이쯤에서 다시 고려해 보자. 당대에 데이터베이스에 대한 평행 연결이자 확장 연결이기를 자임하는 것은 웹 소설만의 문제는 아니며 (정확히는 웹 소설이 이 문제를 가장 즉각적이고도 가시

8　민경환, 「세모나 네모로 얼룩을 번역하시오」, 《문장 웹진》 2019년 3월 호.

적으로 겪고 있는 양식일 것이다.) 이와 연동하는 일이 전방위적으로 일어나고 있다. 물론 "일종의 거대한 블랙홀, 혹은 '쓰레기 하차장'과 같은 위상을 부여받고 부상한" 개념어로서의 '콘텐츠'[9] 혹은 캔슬 컬처나 역할 바꾸기 같은 정치적 올바름의 전략들은 방법론이기 이전에 하나의 징후라 해야 할 것이다. 이 안에서 '갑자기' 아신을 완전히 알아야 하며 「킹덤」 속 재난의 근원까지 다 알아야 한다고 요구하는 「아신전」의 조급한 의식, 유기적인 연결이 아니라 애매하고 뒤틀린 위치를 감수하고서라도 정보를 제공해서 「킹덤」에 대해 평행 연결과 확장 연결의 방향 모두를 갖는 「아신전」의 친절한 의식은 허구적 영상 양식에서도 정확히 같은 일이 일어나고 있음을 증명하는 사례가 된다. 혹은 「아신전」은 바로 이런 관계 속에서 만들어진 상품이다.

돌이켜 보면 초기 영화의 큰 줄기는 (짧은 필름 길이와 수동으로 돌려야 작동하는 시네마토그래프의 기술적 한계로 인해) 안데르센 동화나 성경의 일화처럼 관객이 이미 알고 있는 이야기에 대한 시각

---

9   곽영빈, 「먼지와 기념비 사이의 '콘텐츠': 오디오비주얼 이미지의 진동」, 《오큘로 002: 이미지, 먼지와 기념비 사이에서》(미디어버스, 2016), 31쪽.

적 프리젠테이션의 성질을 띤 바 있다. 오늘날 '형식'에 대한 과소 몰입을 겪는 영상 및 콘텐츠들은 19세기 말에서 건너온 형식이 내재한 어떤 가능성의 '반복'으로 작동하고 있는 게 아닌가 하는 생각도 든다. 영화가 발명되었을 무렵 고유한 현실(들)이란 이미 내재적으로 붕괴하고 있던 것이다. 다만 오늘날에는 자원이 너무 적기 때문이 아니라 자원이 너무 많기 때문에 그런 방식을 취한다는 차이가 있긴 하지만 말이다.

만화라는 이상한 관계

—「인문학적 감수성」에서
시작하는 사고 실험

0.

'지금'은 대체 무엇인가?

아무리 화기애애한 분위기의 자리라고 한들, 이렇게 '지금'이라는 말이 문득 누군가의 입과 손에 오르면 그 순간 그 자리에 있던 사람들 모두가 허둥지둥하거나, 애써 못 들은 체하거나, 끝끝내 싸움을 벌일 것이다.

그만큼 '지금'이라는 시제에는 쉬이 감당하지 못할 긴장과 무게감이 감도는데, 그건 이 시제가 우리의 '지금'을 대체 어떻게 규정할 것인가라는 질문으로 이어지기 때문이다. 당연하지만 여기에서 '지금'은 '찰나'의 동의어로 쓰이고 있지 않다. 감각을 자극하는 경험만이 허락될 시간이 찰나라면, 우리가 어쩌다 보니 살아가고 있는, 과거와 미래의 흔적을 비롯한 온갖 조건이 혼탁하게 혼재된 시간이 지금이다. 찰나에 대해 생각하려면 우리가 감각적으로 느낀 바를 되풀이해야겠지만, 지금에 대해 생각하려면 어쩌다 이런 상태의 지금이 우리에게 주어졌으며 우리가 그 속에서 살고 있는지를 종합적으로 되풀이해야 한다. 몇 겹으로 된 '자연스러움'을 몇 겹으로 문제시하기.

그렇기에 지금에 대해 말하는 것은 구경꾼들의 입안에 '감히'라는 말이 절로 맴돌 만큼 도박에 가까운 행동이(어야 한)다. 이렇게 보면 "우리의 '지금'을 대체 어떻게 규정할 것인가?"는 수 세기 동안 무수한 지식인과 예술가들이 천착한 근본적 질문의 계열 속으로 수렴될 테다. 이 '지금'이라는 시제를 한번 (어떤 비평 잡지의 이름처럼) '만화' 옆에 붙여 보자. 그럼 우리의 눈에는 '메타적 세계관'의 이야기를 취하는 수많은 만화들이, 발전하는 기술을 바탕으로 움직임을 직접 구현하거나 3D 컴퓨터 그래픽 요소로만 이미지를 구축하는 만화들이, 불법 만화공유 사이트인 마나토끼에서 수만 명에게 보여지는 만화들이, 컷별로 나누어진 채 SNS를 비롯한 여러 온라인 커뮤니티를 배회하는, 또 그런 커뮤니티 안에서 만들어져 유통되는 만화들이 먼저 눈에 들어올 테다.

우리 주변의 진부한 태도 중 하나는 지금 만화를 둘러싼 현상들을 바라보며 이런 만화들 속 이미지는 바보 같고, 모든 각각의 플랫폼들은 각각의 방식으로 천박하며, 그래서 만화가, 나아가 세상이 망해 간다고 그냥 쉽게 한탄하는 것이다. '진지한' 평론가나 이론가들 사이에서 펼쳐지는 표준적이고 범상한 진단. 이런 진단 속에서 우리는 그저 나날이 쇠퇴하기'만' 할 뿐이다. 하나 사태는 정반대로, 그 바보 같은 현상이야말로 가치 판단의 층위를 넘어서 재발견되어야 할, 아니 우리에게 재발견을 강력하게 요구하는 어떤 거대한 상황인 '지금'의 흔적이다. 지금 안에서 지금에 충실한 비평을 쓰고자 한다면 그 자체에 대한 (종종 선입견이 되곤 하는) 당위와 가치 판단을 먼저 내세우는 대신 이런 상황이 어떤 가능성 속에 있고 또 무엇을 가능하게 하는지, 그리고 그 가능성을 어떻게 전유할 수 있을지를 치열하게 고민해야 할 테다. 이 연장선에서, 만화의 지금에 대해 숙고하려는 나의 관심은 네이버 웹툰에서 연재되었던 어떤 특이한 만화로 향한다. 우리에게 익숙한 이런저런 설정과 구도를 종합해 묶은 듯하고, 작품 속 어떤 요소도 새롭고 뛰어나다 말하기 어렵지만, 바로 그 종합해 묶은 듯한 특성으로 인해 교날, 범암 작가 듀오의 「인문학적 감수성」은 만화의 지금을 숙고하는 데 흥미로운 사례가 된다.

1.

「인문학적 감수성」을 보지 못했을 이들을 위해 간략히 요약하자면, 이 작품은 그림들이 여자들의 삶에 변화의 계기를 마련해 주는 만화라 할 수 있다. 여기에서 '그림들'이 어떻게 변화의 계기를 마련해 주는지가 중요한데, 왜냐하면 「인문학적 감수성」 속에서 그림들은 살아 있는 존재이기 때문이다.

자신이 그린 그림에 생명을 불어넣어 현실화할 수 있는 능력을('현실화하는 그림'이라고 해도, 간략히 그린 동물 그림이 실제 동물로 변하듯이 현실적인 대상으로 변모하지는 않으며 그림 자체가 자율적으로 운동하게 되는 쪽이다.) 타고난 주인공 감수성은 자의적으로 살아가는 그림들로 인해 이런저런 곤경과 변화를 겪게 된다. 클램프의 만화 「카드캡터 사쿠라(カードキャプターさくら)」나 루이지 피란델로의

희곡 「작가를 찾는 6인의 등장인물(Sei personaggi in cerca d'autore)」의 설정을 절묘하게 섞은 듯한 이런 설정은 그 자체로 특이할 것이 없지만, 작품 속 사건들이 악한의 음모나 자연적인 재난이 아니라 수성, 문학, 인문 등 이 세 여성에게 아주 세속적인 수준으로, 즉 작품을 보는 (여성) 독자들도 살아가면서 겪을 만한 문제로 진행된다는 점은 적잖이 흥미롭다.

　질문을 한번 해 보자. 이 작품에서 용구를 지워 버리면 어떤 일이 일어날까? 그런데 용구가 누구였나? 수성이 문학의 등에 큼지막하게 새겼던 용문신. 하지만 '깡패같이' 폭력적인 성질의 문학에

게 질려 떠돌다 수성에게로 돌아온 이 그림은, 작품 속 시간대에서 가장 먼저 등장한 현실화하는 그림인 데다가 작은 모습으로 변할 때 꽤나 귀엽게 그려지곤 해서 그런지 「인문학적 감수성」의 팬들 사이에서는 작품의 마스코트 비슷한 취급을 받는다. 한데 내 경우 그런 취급이 조금 생경하게 느껴졌는데, 왜냐하면 용구의 분량과 비중이 작품 속에서 생각보다 그리 크지 않기 때문이다. (용구를 비롯한 현실화하는 그림들의 존재가 작품 안에서 알려진) 작품의 첫 장 '용구'(2~11화) 이후에 용구는 조역 정도로 등장하며 가끔 특유의 귀여운 캐릭터성을 과시할 뿐이다. 사실 「인문학적 감수성」은 현실화하는 그림의 이야기를 담고 있으나 동시에 앞서 말했듯 수성, 문학, 인문을 비롯한 여자들의 세속적인 이야기를 담고 있기도 하다. 아니, 이렇게만 말하는 건 불충분하다.

낯선 타인에 대한 의심, 엄마에 대한 그리움, 가족과의 불화, 스스로의 능력에 대한 불안, 여성들 사이의 유대(를 넘어선 애정). 페미니즘 리부트 이후 자전적 서사를 풀어놓는 소설이나 만화에서 (더) 자주 볼 법한 이런 사회적 소재들과 문제의식은 「인문학적 감수성」의 또 다른 큰 주제, 혹은 사실상의 주요 주제로 전면화되어 있으며, 그래서 마치 인물들의 '사회적' 삶이 진행되는 와중에 그림들이 소소하게 끼어드는 것처럼 느껴진다.(물론 능력의 소유자인 수성은 예외겠지만 말이다.) 달리 말하자면, 이 작품은 종종 현실화하는 그림들을 대부분 서사에서 제거한다 한들 여자들의 서사로 충분히 진행될 수 있을 것처럼 보이곤 한다는 것이다. 아닌 게 아니라, 가령 39화 '물감을 먹고 자라는 뱀(4)'에서는 한 에피소드를 통틀어 현실화하는 그림과는 독립적으로 인문(의 가족)의 이야기만 펼쳐지고 있다. 그렇다면 앞서 질문했듯이 정말 용구를 작품 안에서 지워 버리고 다시 스토리를 쓰면, 그래서 거의 여자들의 세속적 삶만이 이 만화에서 계속 펼쳐진다면, 「인문학적 감수성」에서는 어떤 일이 일어날까? 아마도 거시적인 서사의 층위에서는 별다른 변화가 없을 테다. 수성, 문학, 인문은 계속 자신이 처한 세속적 삶 속에서 제대로 살기 위해 투쟁하고, 우리는 이를 보며 페미니즘 리부트 이후의 만화를 절로, 손쉽게 생각하리라.

하지만 그 경우 주인공들의 삶은 절대로 변하지 못할 것이다. 앞서 「인문학적 감수성」을 '그림들이 여자들의 삶에 변화의 계기를 마련해 주는 만화'로 요약했던 걸 다시금 떠올려 주시길 바란다. '홈, 스윗 홈'(19~28화)에서 용구가 문학과 문란 남매를 헷갈려 문란의 몸에 붙지 않았다면, 그래서 수성에게로 돌아가기 위해 하나의 이름을 부르지 않았다면 문란이 문학의 사정을 알고 그와 대면할 수 없었을 터이며, 결국 문학과 문란이 아버지에 관한 트라우마를 해소해 서로를 이해하는 일도 일어나지 않았을 것이다. 요컨대 용구가 없어진다면 오해 속에서 찢어진 남매의 관계를 달리 어떻게 처리할

것이냐는 난처한 문제를 마주하리라는 것이다. 교
날과 범암은 「화의 방향」의 란탄이 아니다. 용구 자
신에게는 주인공들의 삶을 바꾸겠다는 확고한 의
식도 의지도 목적도 없으나, 용구가 자신이 처한
상황에서 수행하는 제스처는 주인공들의 인식과
선택에 꾸준히 영향을 미쳐 그들의 삶에 변화의 계
기를 마련한다. 문득 6화의 초반부에서 용의 상징
성을 거론하는 대목이 떠오른다. 역사 속에서의 용
의 위상. 문학 문란 남매가 용 문신을 (의도적으로
든 비의도적으로든) 몸에 하고 있으면서 용기를 갖
고 싶다고 따로 또 같이 생각한 것. 이렇게 보면 최
근 국내나 일본 서브컬처에서 접할 수 있는 '세속화
된 내면'의 용 캐릭터들과 비교할 때, 용구는 그와
는 조금 달리 우리가 아는 과거의 신적인 용의 상
에 세속적인 방식을 통해 근접한 것처럼 느껴진다.
말하자면 세속적 신?

　「인문학적 감수성」 안에서 그림들은 초자연
적인 힘을 발휘하여 여자들의 세속적인 삶을 판타
지의 영역으로 옮겨주는 변화를 수행할 수는 없지
만, 그 대신 여자들이 겪는 갈등 사이사이에 (비의
도적으로) 개입해 세속적인 수준에서의 해결과 변
화의 계기를 마련하곤 한다. 이런 전개 방식은 수

성이 처음으로 자신의 현실화하는 그림을 마주했을 때부터 '물감을 먹고 자라는 뱀' 장까지 쭉 이어지는데, 그렇기에 현실화하는 그림 없이는 「인문학적 감수성」의 그 어떤 이야기도 발전할 수 없다고 충분히 단언할 수 있는 것이다. 한데 이를 스토리텔링용 장치로만, 즉 이야기 속 갈등을 해소하기 위한 수단으로 자연스럽게 이해하는 대신, 적어도 이 자리에서는 다른 방식의 이해를 여러분에게 요구하고 싶다. '용구를 지워 버리면 어떤 일이 일어날까?'라고 질문했던 이유는, 「인문학적 감수성」이 취한 만화 속 그림이라는 준(準)액자식 구성에 내재하는 한계 때문이다.

한계라니? 소설 속의 소설, 음악 속의 음악, 연극 속의 연극, 영화 속의 영화에 만화 속의 그림/만화를 한번 대조해 보자. 액자식 구성에서 전자에 속하는 양식들은 (음악의 경우 볼륨이나 텍스처의 차이를 구현하는 식으로) 서로의 프레임 구분을 선명히 드러내면서 복수의 극적 세계를 임시방편으로라도 구분시킬 수 있지만, 후자에서는 좀 더 복합적인 구성이 요구된다. 만화 안에서 그려지는 그림이 대부분 원치 않게 작품 내적으로 실제 사물과 분간이 가지 않을 정도의 극사실주의 그림인 트롱

프뢰유(trompe-l'oeil)로 성립되거나, 아니면 간단하고 조악한 기호 수준의 그림으로 성립되곤 한다는 걸 떠올려 보라.[1] 액자나 만화책, 디지털 디바이스 등 그림/만화가 속할 수 있는 프레임을 등장시키는 것만으로는 거의 불가능한 액자식 구성. 어째서 이런 한계가 발생할까? 만화 안에서 그림을 표현한다는 것은 묘사법(그림체)의 불가피한 동일성으로 인해 자칫 실은 복수의 극적 세계가 같은 차원 속에 존재한다는 것을, 다시 말해 둘 모두가 그림일 뿐임을 너무도 쉽게 폭로할 수 있는 일이기 때문이다. 이는 '이미' 그림으로 이뤄진 만화의 숙명적인 한계이며, 「인문학적 감수성」의 큰 설정은 다름 아닌 이 지점을 건드린다.

2.

만화에 대한 '쉬운' 정의 중 하나는 시각적으로 기호화된 그림인 대상들을 모종의 순서에 배치하는

---

1   야마구치 츠바사의 「블루 피리어드(ブルーピリオド)」처럼 실제 그림의 사진을 사용하는 경우도 있는데, 형식은 다르나 복수의 극적 세계를 구분 짓는 시도라는 점에서 이는 후자에 더 가까울 것이다.

양식이라는 것이다. 그런데 만화는 당장 여기에서부터 자기 성립에 관한 근본적 문제를 마주하는데, 페이지를 펼치거나 스크롤을 내리는 순간 '이미' (보통 칸을 매개로 해서) 여러 개의 미시적 사건이 전개되고 있다는 사실, 즉 저 순서가 다발(cluster)이기도 하다는 역설적 사실이 그것이다. (『만화의 힘: 역사, 형식 그리고 문화(The Power of Comics: History, Form and Culture)』의 저자들이 말한 바를 약간 비틀자면) 만화책의 페이지, 컴퓨터의 모니터, 모바일 디바이스와 같은 하나의 물리적인 기술적 지지체 (technical support) 위에 한꺼번에 등재된 대상'들' 사이에 작동하는 (순서)서술성과 (다발)이미지성 간의 (종종 연합이 되기도 하는) 대결. 아마도 이를 만화가 성립되는 데 있어 가장 순수한 수준의 메커니즘이라 해도 과언은 아닐 터이다.[2]

티에리 그로엔스틴이 칸의 결속성(Solidarité iconique)이라는 개념을, 또 브누아 페터스가 장둘

---

2   만화로 성립하기 위해 둘 중 하나가 필요에 따라 약화될 수는 있어도 아예 지워지기는 힘들다. 최근의 스테파니 레이오스, 로메오 줄리엔, 장필립 브레틴처럼 순서의 성질을 고도로 억제하거나 거의 폐기하려 드는 '개념적'이고 '구조적'인 실험 역시 마찬가지다.

레(péri-champ, 이 적절한 번역어는 『만화학의 재구성』의 한상정이 처음 사용한 것이다.)'라는 개념을 제안하면서 암묵적으로 고려했던 바는 바로 이 메커니즘이리라. 쉬운 예로 출판 만화의 한 페이지에서 한 캐릭터가 이런저런 칸 속에 다양한 모습으로 그려져 있는 걸 떠올려 보자. 우리는 대체 어째서 이 앞에서 당황하지 않는 걸까? **한 존재**가 여러 칸에서 동시다발적으로 출현하고 있는데도 말이다. 흔히 도플갱어라 부르는 현상과 이 현상은 서로 얼마나 떨어져 있는가? 하나의 스크린에서 프레임이 순차적으로 지나가는 보편적인 영화라면 숏마다 다른 구도로 포착된 피사체를 보며 이를 '세계를 인식하는 시점의 하이브리드화'(미하일 얌폴스키)로 이해할 수도 있겠으나, 만화에 대해서는 곧바로 만족스러운 대답이 될 수 없다. 그럼에도 많은 이들은 '그저 그림이니까.' 혹은 '시간의 흐름이 읽기에 전제되어 있으니까.'라고 쉽게 답할 것이다. 물론 이들은 모두 현대인다운 정답을 말하고 있다. 필립 웨그너가 「앨런 무어, "'고등 문해력', 그리고 그래픽 노블의 모더니즘(Alan Moore, "Secondary Literacy," and the Modernism of the Graphic Novel)」에서 월터 옹을 빌려 말하듯 캐릭터는 그저 그림이며 만화 속 이미지의 나열은 서로 연관이 있고 순서가 있다고, 근대 이후의 우리들은 암묵적인 약속을 맺었다.

그러나 나는 좀 더 우둔하게 질문과 대답을 하고 싶다. 시공간과 존재의 배중률을 위배하고서도 충분히 이해되는 연출이란 대체 어떻게 가능하고, 나아가 어째서 그러고서도 만화는 가능한가?

왜냐하면 다양한 모습의 칸 속 개별 양태는 만화 속 캐릭터나 사물 등에 선행하는 기본 단위이자 요소인 **만화적 단면**에 속하기 때문이다. 이는 미약하게 (개별 칸만이 아니라) 기술적 지지체 위에 현전하는 '반딧불의 불빛'(조르주 디디 위베르만)과 같은 도상이다. 어떤 특징을 지시하는 이런저런 기술어구적 기호의 일차적 합으로서 자신은 일단 독립적으로 존재하고 그 나름의 의미를 만들 수도 있지만, 진행되는 서사 속에서 얼마든지 무언가의 일부분이 되거나, 의미가 변형되거나, 대체되거나, 반복될 수 있는, 고도로 유동적이고 가소적인 국면에 속한 반(半)자율적 인터페이스로서의 단면. (원저 맥케이부터 초기 데즈카 오사무에 이르는 근대 만화에서 컷마다 순서를 지시하는 번호를 매겼던 건 이런 유동적인 국면을 제어하기 위함이었을 테다.) 만화적 단면의 이런 미약한 현전성은 무엇보다 만화라는 양식의 근본적 산만함과 내재적인 연관을 갖는다. 산만함? 앞서 하나의 기술적 지지체 위에 한꺼번에 등재된 대상'들' 사이에 작동하는 (순서)서술성과 (다발)이 미지성 간의 대결이 만화의 성립에서 가장 순수한 수준의 메커니즘이라고 했던 것을 다시 떠올려 주시길 바란다.

「움직임과 읽기 사이: 모더니즘 만화와 회화에서 역동적 화면의 재개념화(Between Movement and Reading: Reconceptualizing the Dynamic Picture Plane in Modernist Comics and Painting)」에서 폴 앳킨슨이 말하듯, 만화를 보고 만드는 충동은 무엇보다 가능한 모든 것, 심지어 시간과 운동 등 세계의 보이지 않는 힘을 최대한 그림의 전통 속의 기호로 변환해서 (말풍선이나 잔상 같은 미시적인 연출 기법부터 홈통, 그리고 산문적인 서술성까지) 시각적/공간적 체계에 복속시키려는 '게걸스러운' 욕망에서 기인할 테다.(그래서 각각의 칸에 그림이 아닌 글밖에 없는 페이지도 만화의 일종으로 성립될 수 있다.) 한데 이 변환이 시간성을 모방하기 위해 인물을 분산시키는 것까지 감수해야 한다는 점, 즉 데카르트의 코기토를 내파하는 강도 높은 허구적 변환이라는 점으로 인해 만화적 단면은 욕망의 실현의 대가

〔그림 3〕「옐로 키드(Yellow Kid)」

로 미약한 현전성을 갖게 된다. 존재론적 안정성을 훼손당한 기호. 더불어 이러한 변환은 사진이나 영화와는 달리 시간에 있어 순간과 과정의 구분이 뒤엉키도록 만들어서, 하나의 칸은 하나의 순간을 다루는 동시에 과정을 다룰 수 있으며 칸들의 연쇄는 하나의 과정에 대한 묘사일 수도, 완전히 상이한 과정들의 조합일 수도 있게 된다. 순간의 연쇄에 특화된 '영화적인 망가'(오쓰카 에이지)라고 해도 주어진 이미지의 안과 밖, 칸과 칸 사이의 필연적인 틈새로서의 외화면(hors-champ)이 있는 한 이런 뒤엉킴은 피할 수 없다. 그러면서 만화적 단면은 한 칸 안에 여러 개가 있을 수 있고(말풍선 등 압축된 시간을 지시하는 장치들) 반대로 칸 밖에도 존재할 수 있으며(탄생기의 만화인 1897년 2월 14일 자 「옐로 키드(Yellow Kid)」에서 동물들의 신체 일부는 비좁기 짝이 없는 칸에서 벗어나 홈통에 걸쳐져 있다.) 나아가 칸 자체도 그런 속성에 열려 있다.(아무 그림 없이 까맣거나 하얗기만 한 칸, 혹은 장식적 기능의 칸)

만화는 디에고 벨라스케스의 '메타' 회화 「시녀들」이나 제프 월의 사진 「아파트에서 본 풍경(A View from an Apartment)」처럼 이질적인 요소와 사건들을 한데 치밀하게 배치해서 프레임을 대할 때 조망적(panoptic) 인식법을 요구하는 연속 도해(continuous narrative)류의 독특한 단일 이미지 작업들의 유산을 가져가면서 만화는 더 나아가 그런 이미지 각각의 양상과 이미지들 사이의 서술성을 **동시에** 파악하는 두 겹의 조망적 인식법을 요구한다.[3] 슈퍼히어로 만화의 거장 잭 커비부터 만화 이론가 닐 콘에 이르는 이들이 고유의 언어 체계로 만화를 취급했던 건 바로 이 때문이리라. 또한 보

---

3   이런 맥락에서라면 만화는 흔히 연동되어 이해되는 애니메이션 자체보다 콜라주 기법의 회화나 근대 (신문)소설과 더 가까운 친족 관계를 맺는다.

들레르와 말라르메의 시를 단순한 그림으로 (탈)구축한 마르셀 브로타스의 책 작업과, 이를 두고 "이미지가 충분히 (자기)현전할 수 있는 가능성에 저항한다."라고 지나가듯 하지만 적확하게 지적한 『북해에서의 항해』의 로절린드 크라우스는 자신도 모르게 만화의 이론에 예비적으로 참예한다. 요컨대 미약한 현전성으로 인해 만화적 단면과 그 결합으로서의 이미지는 자기충족적이지 못하고 언제나 '이미' 그리고 '여전히' 거기에 있는 다른 이미지들과 복합적이고 잠재적인 관계를 맺어야만 만화로 성립되는 것이다.

특히 대중적인 만화의 캐릭터들이 헤어스타일과 코스튬을 비롯해 독특한 애티튜드, 패션, 제스처를 갖는 것은 만화적 단면의 미약한 현전성을 은폐할 수 있는 강렬한 특징을 취하면서 자신으로 구축되기 위함일 테다. 그렇다면 (에리히 아우어바흐를 따라) 캐릭터란 칸마다 제시되는 만화적 단면의 합에서 주관적으로 추론된 동시에 각각의 만화적 단면이 하나의 서사에 합류하도록 하는 데 유용한, 특권적인 이중 작용의 '가상'이라고 할 수 있으리라. 거꾸로 말하자면 만화적 단면은 항시 같은 자리에 정지해 있음에도 서사 속에서 소모되면서 서사로 인해 소모되지 않는, 항구적인 **과정**에 놓여 있다. 서로가 서로를 전제로 하는 역설적인 순환의 관계.[4]

만화의 근본적인 산만함이란 바로 이런 상황을 이른다. 그리고 그럼으로써 "만화는 평면성, 착시, 추상화에 대한 연구가 가장 공들여 수행되는 곳"(에스더 레슬리)일 수 있는 것이다. 그렇다면 이런 생각도 든다. 슈퍼맨, 캡틴 마블, 스파이더맨처럼 미국 만화의 황금기(Golden Age)에 출몰했던 몇몇 슈퍼히어로들이 근대 이전의 많은 영웅적 캐릭터와는 다르게 자신의 정체를 사회 안에서 감추고 이중적 삶을 살아야 하는 운명에 처했던 건 (사회 제도의 근대적 변화만큼이나) 가상으로서의 자신의 존재에 결부된 역설에서도 기인하는 게 아닐까? 이

---

4   만화에서 각각의 기호는 존재론적 안정성은 훼손당하면서 의미론적 안정성은 옹호되고 회복되는 경향이 있다. 모자이크 회화와, 이런저런 색으로만 채워진 칸들이 펼쳐진 만화의 페이지를 비교해 보자. 둘 모두 하나의 전체적 상을 얻기 위해 미시적인 이미지들을 조합하는 방식이란 점은 같으나, 전자에서 미시적인 이미지들은 기능적으로만 작동하는 반면 후자에선 감정 표현이나 어떤 사건의 묘사로 작동할 수도 있다. 이러한 통속적 표상성은 1부 「뭔가 배 속에서 부글거리는 기분」에서 언급한 '지난 20세기의 가장 천박한 예술'들이 공유하는 성질이기도 하다.

슈퍼히어로들은 어떤 허구적 세계의 캐릭터일 뿐만 아니라 만화라는 이 이상한 관계의 규칙을 알레고리로 체현하는 미학적 형상(la figure esthétique)으로도 작동했던 게 아닐까?

3.

이러한 형상들 가운데서도 만화의 성질을 가장 통렬하게 직시하고 체현한 형상을 찾는다면 역시 「우주소년 아톰(鉄腕アトム)」의 아톰(을 비롯해 데즈카 오사무가 만든 캐릭터들)이 걸맞을 테다.

원전을 '지나치게 완벽하게' 대체한 존재이자 자신의 몸을 얼마든지 갈아 끼우고 마력(馬力)마저 조절할 수 있는 아톰, 그렇기에 인간과 로봇 중 어느 쪽에도 귀속되지 못하는 곤란에 처해 있는 아톰. 성장하지 못하고 영원히 소년으로 살아가야만 하는 아톰……. 이는 물론 오쓰카 에이지의 '아톰의 명제'를 충실히 나열한 것이다. 과연 "살을 가진 몸, 성장하는 신체를 그리는 데에 부적합했던 디즈니식 표현 방법의 한계를 향한 데즈카의 자기 언급"(『아톰의 명제(アトムの命題)』)으로서 기호성(로봇의 몸)과 신체성(인간적인 마음) 모두를 가진 아톰

『우주소년 아톰』 15권 중에서

은 전후 일본 만화에서 이어져 온 '성장 불가능성'
이라는 역사적 집단 무의식의 아이콘이라 할 수 있
지만,[5] 그럼에도 이것이 전부가 아니다. 아톰에 내
재한 모순을 거의 정확히 지적하면서도 (아마도 당
대의 주류였던 형식주의 비평의 흐름에 맞서고자) 오쓰

---

5   이런 맥락에서 『부흥문화론』의 후쿠시마 료타가 전개한 데즈카
      오사무론은 틀렸다고 할 수밖에 없다. 그는 전후 일본의 현실적
      문제점이 이야기되지 않는다는 점을 들어 데즈카에게서 '일본/
      자연 부정의 욕망'의 근원을 도출하려 하지만, 그 이전에 오쓰
      카가 지적했듯 전후의 상흔은 이야기가 아닌 이미지의 표면, 곧
      아톰 자체에 새겨져 있기 때문이다. 아무래도 후쿠시마는 일본
      만화 특유의 무국적성을 다뤄야 한다는 강박으로 인해 다소 성
      급한 분석을 전개한 것으로 보인다.

카 에이지는 그것이 일본이라는 환경만이 아니라 만화의 일반적 문제에도 맞닿을 수 있다는 사실은 일부러 무시하고 봉쇄한 것으로 보이는데,『게임적 리얼리즘의 탄생』에서 아즈마 히로키가 비판했듯 이런 봉쇄는 윤리적 테제에 함몰되어 캐릭터의 다른 존재 방식을 간과하는 패착을 향할 뿐이다.

　다른 존재 방식? 이에 대한 설명은 이토 고의 몫이다.『데즈카 이즈 데드(テヅカ・イズ・デッド)』에서 그는 오쓰카적 봉쇄를 넘어서고자 '캬라(キャラ)'라는 개념을 만들어 이를 '캐릭터'와 분리시킨다. 캐릭터가 자기 동일성을 가진 인물을 이른다면 캬라는 동일성이 가시적으로 인식될 수 있게끔 하는 기술어구적 형식을 이른다. 얼핏 오쓰카의 기호성/신체성 구도에 대한 몰지각한 반복처럼 보일 수 있으나, 여기에서 이토의 초점이 캬라의 자율화에 맞춰져 있다는 지대한 차이를 간과해서는 안 된다. 즉 캬라는 이야기 바깥에서도 즉각 인지될 수 있을 뿐만 아니라 주어진 이야기를 초과하기도 하는 '텍스트로부터의 유리 가능성'을 지닌 이미지를 포함하는 개념인 것이다. 그렇게 이토 고는 오쓰카의 길의 정반대 방향을 향해 질주한다.(아즈마 히로키와 사이토 타마키가 각자의 2010년대의 저서에서 따로 또 같이

이토 고를 중요한 참조점으로 삼는 건 이 때문이다.)

　이런 생각의 연장선에서 그는 데즈카 오사무의 「지저국의 괴인(地底国の怪人)」에 등장하는 토끼-인간 미미오를 중요한 형상으로 지목한다. 극중 인물들에게나 독자들에게나 그저 귀여운 캬라 정도로 인지되던 미미오가 서사 속에서 이런저런 활약을 펼치고, 직접 인간으로 변장해 적을 무찌르기도 하다가, 종국에 비극적인 죽음을 맞이하며 이론의 여지 없는 캐릭터의 위상을 얻을 때 이토는 거기서 만화의 근대적 '제도'의 시작을 본다. 데즈카가 이야기를 초과할 수 있는 캬라의 자율성을 인지하고 그에 의존하면서도 '이야기에 대한 봉사'를 위해 그것의 강도를 적당히 억압하고 은폐하는 방향을 향했으며, 그 과정이 알레고리로 이 작품에 펼쳐졌다는 것이다. 거꾸로 말하자면 캬라의 자율화는 (오타쿠 문화가 폭발적으로 성장한) 20세기 후반에 형성된 게 아니라 만화의 초창기에서부터 선험적 배경으로 잠재되어 우글거리고 있던 게 된다.

　이쯤에서 당신도 눈치챘겠지만, 앞서 가상으로서의 캐릭터를 논한 대목에서 나는 분명히 이토 고를 의식하고 있었다. 또한 캬라 개념이 없었다면 만화적 단면이라는 개념과 그것의 미약한 현전성을 감히 주장할 수 없었으리라. 하지만 이토 고의 논리 역시 데즈카 오사무에 있어 한계를 갖고 있다. 어떤 한계? 일본 만화에 있어 데즈카가 억압과 은폐의 근대적 제도를 구축한 인물이라고 단정 짓는다는 한계.

다시 아톰으로 돌아가 말하자면, 아톰에 내재된 반(半)인간성이라는 모순은 오히려 캬라에 대한 억압과 은폐의 실패를 어떤 방식으로든 끈질기게 증언하고 있지 않은가? 아톰이 인간적인 마음을 갖고 있지만 영원히 소년의 모습으로, 곧 과잉된 캬라로 살아간다는 사실을 떠올려 보라. 게다가 이토의 논리를 따라간다면 「로비오와 로비에트」 편에서 아톰의 가면을 쓰고 로봇들을 해치는 야니 나츠타 박사는 아톰의 캬라의 자율화를 수행한다고 할 수 있을 테다. 캬라의 억압이라는 관점은 아톰에게서 (그리고 데즈카에게서) 미끄러지는 것이다. 미학적 형상으로서의 아톰은 어떤 제도에 귀속되지 않는다. 아톰은 이 이미지와 저 이미지 사이, 서술성과 이미지성 사이, 순간과 과정 사이, 단면과 단면 사이, 단면과 캐릭터 사이에서 끝없이 진동하면서 성립하는 관계인 만화의 다른 모습이다. (나아가 아톰의 창조자인 데즈카 오사무는 이런 진동이 멈추지 않도록 평생을 걸쳐 싸운 '만화의 사람'이라고 할 수 있다. 즉 전통적인 인식과는 달리 데즈카는 이미지 생태계의 변화에 부단히 발맞추며 만화의 가능한 관계 방식을 매번 달리 시험한 '동시대인'(조르조 아감벤)인 것이다.) 근대 만화의 성취란 이런 기기묘묘한 메커니즘 혹은 관계 방식을 우리가 보편적으로 즐길 수 있는 구체적인 미적 양식으로서 육화했다는 데 있지 않을까? 그래, 우리가 즐길 수 있도록 말이다. 이 말은 우리와 이미지(들) 사이의 상호 영향 관계를 지시하고 있다. 그리고 「인문학적 감수성」은 이 점으로 인해 사례로 호출되었다.

4.

적잖이 우회했으니 이제 그만 「인문학적 감수성」으로 돌아오자. 앞서 이 작품이 '준액자식 구성'을 취하고 있으며 '복수의 극적 세계가 같은 차원 속에 존재한다'고 했던 것을 아직 잊지 않았다면, 「인문학적 감수성」의 가장 이상한 점에 대해서도 말할 수 있을 것이다.

　「인문학적 감수성」에서 인간의 세계와 그림의 세계는 **정말** 같은 차원에 속한다. 두 가지 모두가 만화에 속해 있어서가 아니라, 현실화하는 그림들이 너무 자연스럽게 2차원 평면 안팎을 오가기 때문에 그렇다. 다시 용구를 예로 들어 보겠다. 보통은 평면에서 이동하고 정착하지만 종종 평면을 벗어나 허공에 둥둥 뜬 채로 인간들과 자연스레 대화를 나누기도 하는 용구. 그 순간 용구는 인간들에게 어떤 형태로 보일까? 일반적인 만화를 볼 때 (그림이 아무리 추상적이고 평면적으로 묘사됐다 한들) 그 속의 공간이 3차원 공간을 지시하며 어떤 방식으로든 원근이 존재하리라고 우리가 '이미' 믿는다는 걸 염두에 둔다면, 그 형태가 도저히 상상이 가지 않는다. 그렇다면 앞의 질문은 여기에서 '이 세계의 공간은 대체 어떻게 구성되어 있는가?'로 바뀌어야 할 테다.

기왕에 좀 더 밀어붙여 보자. 수성의 어머니인 이현음 역시 수성처럼 현실화하는 그림을 만드는 능력을 타고났다. 그의 나이를 보든 동화작가라는 직업을 보든, 어느 면에서도 현음이 만들어 낸 그림은 수성보다 몇 곱절은 많을 것이다. 게다가 이 능력이 사실 모계 혈통에 따라 이어지는 것이고, 현음과 수성은 그 혈통의 일부라면 어떨까? 그렇다면 혹시 상상의 동물인 용은 용구의 방식으로 실존

했던 건 아닐까? 요컨대 「인문학적 감수성」의 세속적인 세계는 현실화하는 그림들과 애초부터 공존하며 영향을 주고받은 게 아닐까? 적잖이 우회했던 이유가 바로 여기에 있다.

그림을 그릴 때, 그려진 것이 아무리 허무맹랑한 묘사로 채워졌다 해도 그것은 (우리가 현실이라고 부르곤 하는) 우리네 세계와 어떤 방식으로든 실정적인 관계를 맺는다. 그림이 우리네 세계를 반영하는 가상적 매개라서가 아니라, 그림이 그림을 그린 이의 인식의 결과이자 앞으로 그려질 대상 그림에 대한 인식의 시작이기도 하다는 점에서 그러하다. 딱딱하게 말하자면 문화로서의 예술작품은 작품을 만드는 주체에게 주어진 사회적인 정보와 힘들, 곧 담론들이 경합한 산물인 동시에 자생적인 규칙을 통해 주체의 내밀한 감각과 인식을 구성하는 요인, 그 자체로 이미 우리네 세계와 등가적인 '존재'인 것이다. (쉬이 떠올릴 수 있는) 가시적인 정치경제관만이 아니라 (대개 간과되는) 세속적인 언어와 행동 등 지극히 사소한 표현까지 영향을 행사하는 존재. 예술작품과 우리네 세계는 별개라고 아무리 외쳐 봤자, 멜로드라마를 보며 눈물짓고 영화 속 공룡의 울음소리를 들으며 사실성을 느끼는 것처럼 철저히 인위적인 배치 속에서 생생한 인상을 구하는 우리의 의식은 그런 의지를 무시한 채 두 영역을 포개어 인식할 수밖에 없다.(돌이켜 보면 '허구'로서의 예술을 탐구한 위대한 지식인들이 따로 또 같이 줄기차게 지적한 바가 바로 이것이었다.)

단언컨대 하나의 예술작품은 세계에 대한 재현이면서 세계의 일부이자 지표이고 다가올 세계의 디딤돌이다. 이 모든 겹을 염두에 두(되 때와 지역의 맥락에 따라 각자의 강도를 달리할 수 있)어야지만 우리는 예술작품의 성질을 진정으로 또한 중립적으로 이해할 수 있을 테다. 형식의 자율성이냐 사회의 타율성이냐의 구도로 펼쳐지던 논쟁은 고로 좀 더 엄밀해져야 한다. (미셸 푸코를 따라) 비평을 쓰려는 이들이 속한 곳은 어떤 형식들과 어떤 사회적인 것들이 한데 공존해 때로는 서로 얽히고 때로는 한없이 멀어지는, 복합적이고 복잡한 우발성의 장이다. 그리고 그 장의 논리는, 아마도 앞서 묘사한 「인문학적 감수성」의 공간과 유사한 성질을 띠고 있을 것이다.

그러니 예술작품을 이루는 이미지를 제대로 파악하기 위해서는 한 가지 감각만을 사용할 게 아니라 그 감각을 비롯해 우리네 세계와 저 이미지가 맺고 있는 실정적인 관계의 맥락을 직시해야 한다. 심지어는 (작품의 '정확한' 규칙을 파악하는) 이해와 (작품의 규칙을 헤집고 산산조각 내는) 오해 모두 말이다. (물론 이런 당위를 잘못 이해해 수많은 정보만을 취하고 다루는 이들이 있기는, 아니 많기는 하다.) 폴 발레리가 지적했듯 이 점에서 예술은 그 세기를 달리할 뿐 언제나 '교육학'의 성질과 맞닿아 있다. 만화를 이해하는 방식이 우리네 세계를 이해하는 한 방식이기도 하다는 것을 「인문학적 감수성」에서 우리는 새삼스레, 그러나 분명하게 생각할 수 있는 것이다. 여기에서 나는 이 생각을 만화에의 비평 방법을 재고해야 한다는 요구로 바꿔 읽고 싶은데, 우리네 세계에서 만화가 만화로 성립되는 방식이 바뀌고 있기 때문이다.

5.

글자와 그림이 독특한 방식으로 결합하여 이야기를 만들어 내는 양식이라는 두루뭉술한 정의는 만화를 좀 더 이해하고자 하는 이에게 불쾌하기 짝이 없는 언사로 다가올 뿐이다. 더군다나 '지금' 만화 일반이 변화하는 양상은 이 '독특한 방식'을 예전처럼 칸과 칸, 홈통과 외화면 사이의 유기적이고 구상적인 배치에서 일어나는 화학 작용에 국한해 생각할 수 없도록 만들고 있다.

　글의 맨 처음에 열거했던 지금 만화의 흐름들을 떠올려 주시길 바란다. 지금의 만화는 가까이에서 보면 삼중의 흐름 안에서 그 흐름들과 함께 작동하는 중이다. 하나는 만화를 받아들일 특정한 순서와 방식을 요구하는 강제성의 흐름이고(컷툰, 무빙툰), 다른 하나는 만화의 특정 장면이 파편화된 채 SNS, 온라인 커뮤니티, 카톡방을 마구잡이로

오가는 밈(meme)의 흐름이며, 또 다른 하나는 스케치업과 클립 스튜디오 페인트 같은 그래픽 소프트웨어가 가능케 하는 기호의 간편한 복제 가능성의 흐름이다.(물론 이런 흐름들이 그 자체로 절대적이거나 갑자기 출몰한 원인은 아니다.) 만화를 만드는 쪽에서든 보는 쪽에서든, 여기에서 각각의 흐름을 가로지르는 핵심이란 행위에서 한없이 감축되는 복잡성과 간격이다. 강제성으로 인해 조망적 인식법이 약화되고, 밈으로 인해 작품을 온전히 볼 필요가 감소하고, 복제 가능성으로 인해 드로잉과 스크린톤을 준비할 필요가 줄어든다. 이런 종합적인 감축은 주체가 이미지를 대할 때 새로운 기준치의 개발이며, 곧 만화적 이미지의 위상의 변화와 연동된다.

이 흐름들과 함께 작동하는 지금의 만화들은 그림과 그림, 칸과 칸 사이의 배치가 유기적이고 구상적인 대신 거의 추상적일 정도로 느슨해지고 아예 성격이 바뀌어도 만화가 성립될 수 있다는 걸 보여 주고 있다. 어쩌면 당신은 반문할지도 모른다. 그런 변화는 프랑스의 만화가 그룹 우바포(OuBaPo)가 1990년대 말부터 이미 시도했던 게 아닌가? 가령 말풍선의 배치만으로 만화를 성립시키는 「성격장애(Caractériel)」나 「가짜 삼위일체(Feinte

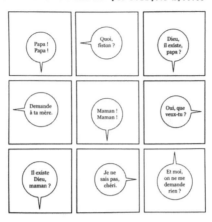

Feinte Trinité par François Ayroles

Trinité)」처럼 말이다. 하지만 지금 출몰하는 몇몇 과시적인 만화들은 의도적으로 만화의 성립 요건을 실험한 우바포의 작업보다 더더욱 느슨해진 배치를 향한다. 평범한 걸 넘어 심심하기 짝이 없는 일상 네컷 만화에 자동적이라 할 만한 문장("죽기까지 앞으로 n일")이 뜬금없이 붙으면서 서스펜스가 구축되는 「100일 후에 죽는 악어(100日後に死ぬワニ)」는 어떤가? 인스타그램 연재에서 작가나 작품을 앞세우는 대신 @min4rin이라는 계정을 쓰고 작품의 주인공인 민사린이 실제로 작성한 듯한 포스트를 게재해 인스타그램/페이스북 계정 자체를

픽션으로 물들이려 한 「며느라기」의 사례는 또 어떤가? 그 자체로는 거대한 벽화와 같은 스케일의 그림이라도 기기의 프레임의 한계로 인해 늘 그중 일부만 보게 되는, 컴퓨터 이후 보편화된 인식적 현상을

뒤집어 주체가 프레임을 임의적으로 이동시킬 때 만화적 효과가 발생하도록 한 선우훈의 「가장 평면적인 것이 가장 정치적이다」는 또 어떻게 다룰 것인가?

즉 문제는 지금의 수많은 만화들이 기존의 관점에서 보면 만화라고 하기에 지나치게 말끔하거나, 너무 거대하거나, 심지어는 공허해 보이기까지 하다는 점에 있다. 웹툰의 등장 이후 만화의 가속화된 변화가 불러일으킨 결과. 그렇다면 만화를 달리 상상하는 방법이 필요할 테다. 우리가 이미지들과 만나면서 픽션으로서의 만화가 성립된다고, 만화를 보(려)는 우리의 행동 자체가 만화를 성립시키는 주요 요인이라고 이제는 말해 보자. 「인문학적 감수성」으로 돌아가 (은유적으로) 말하자면, 각

각의 그림들은 2차원에만 머물지는 않는다. 다시 말하건대 이런 만화들 앞에서는 우리네 세계와 저 이미지가 맺고 있는 실정적인 관계의 맥락을 직시해 만화를 파악하려는 태도가 필수적으로 요구될 것이다. 당연하지만 나는 여기에서 당장의 진정한 만화가 무엇인지 가리려는 게 아니며, 다만 스스로 만화임을 주장하는 방식들이 각양각색으로 편재하는 만화의 지금을 보다 가시화하려는 것뿐이다. 지금까지의 만화비평은 과연 이 상황에 얼마나 제대로 대응하고 있었나? 이러한 상황의 의미는 무엇보다 그림과 칸의 발전으로 만화를 이해해 온 오랜 전제를 거스르고 만화의 메커니즘을 통째로 검토해보는 데에서 찾을 수 있을 테다. 내가 만화적 단면이라는 개념을 (임시변통처럼) 제안하면서 지적하려는 바가 바로 이것이다.

　거듭 말하건대 칸에 기반을 둔 분석만으로는 지금 출몰하는 만화의 이미지들을 적절히 다루기 어렵다. 처음에 말했듯 그런 분석은 '지금' 앞에서 대개 '만화의 죽음'이라는 게으르고 성급한 결론으로 향하기 십상이며, 결국 (「인문학적 감수성」에서 물감을 먹고 자라는 뱀이 그러하듯) 만화와 자신을 갉아먹는 결과를 초래할 것이다. 지금껏 우리는 우리 눈앞에서 전개되는 요소와 장치들의 역동을 제대로 직시하지 못한 게 아닐까? 그렇다면 극히 미니멀하거나 비만화적으로 여겨지는 영토 안에서도 작동할, 즉 대상이 만화로 느껴지게끔 할 만화의 기본 단위에 대해 먼저 파악해야 할 것이다. 내 생각에 만화적 단면은 바로 그런 기본 단위(일 수 있)다. 완전한 형상도 완전한 행동도 아닌, 하지만 그런 상태를 지시할 관계를 잠재적으로 개시하(며 스스로를 채우)는 미약한 부분이자 표면. 이 앞에서 우리는 (발터 벤야민이 그랬듯) '이것도 만화인가?'라고 물어보기보다는 '어떻게 만화가 되는가?'라고 물어봐야 한다. 이제 '보이는 것과 보이지 않는 것 사이의 춤'이라는, 만화에 대한 스콧 맥클라우드의 정의는 훨씬 더 급진화되어야 하리라. 우리에게 당장 주어진 만화들과 함께 살아갈 지금을 위한 만화비평의 유효성은 바로 여기에서 시작할 수 있으리라고, 나는 믿는다.

감사의 말

먼저 오랫동안 나를 견디고 지지해 준 가족들, 부모님과 누나 그리고 매형에게 감사드린다. 모든 글을 꼼꼼히 읽고 날카롭게 첨언해 주었으며 사랑으로 나를 뒷받침해 준 임다울에게도 이 자리를 빌려 한없는 감사를 표하고 싶다. 그가 없었다면 책을 중도에 포기할 수도 있었으리라. 오랜 시간 온갖 사건을 함께 겪으며 지금의 나를 있게 한 구현희에게도 감사를 전한다.

믿음직한 동료인 문학평론가 민경환에게는 경의를 표한다. 그의 작업과 피드백이 없었다면 책을 쓰는 건 물론이요 지금 같은 방향성으로 글을 쓸 엄두도 내지 못했을 것이다. 지지부진한 작업 상황을 인내를 갖고서 기다리고, 격려하고, 꼼꼼히 교정해 준 편집자 신새벽에게도 경의를 표한다.

영화 파일을 비롯해 필요한 자료들을 선뜻 제공해 준 한민수, cineman, Anne Green, 그리고 내 작업들을 지지해 주고 격려의 말을 전해 준 고(故) 이충민, 김지훈, 금동현, 정 미파, 츠티도, 이해주, 김수연, 오혁진, 박현수, 웹진 [weiv] 필진들, 팟캐스트 카페 크리틱 멤버들 모두에게 진심 어린 감사를 느낀다.

윤국희, 한상희, 조민서, 이다은, 제유의 지원이 없었다면 지금처럼 부담을 덜고 작업에 몰두할 수 없었을 것이다. 이들에게도 뭐라 형언할 수 없는 감사를 전하고 싶다. 일부 원고를 읽고 소감을 남겨 준 월영과 이여로에게도 고마운 마음이 있다.

11년 전 「멀홀랜드 드라이브」라는 영화가 죽도록 무섭다고 추천해 줬던 주형용, 지금의 내 문체가 있게 한 정성일, 탁월한 번역자로서 페미니즘에 대한 내 의식에 영향을 미친 임옥희. 이 세 명의 '어깨 너머의 스승'에게도 감사드린다. '탐구' 시리즈 제작에 참여한 민음사의 직원 여러분에게도 크나큰 감사를 느낀다.

그리고 더 이상 만날 수 없는 친구들에게 이 책을 바치고 싶다.

네임드 유저의 수기

《한편》 2호(2020년 5월호) '인플루언서'에 실은 글을 수정 보완
했다.

자신을 자신하지 않으면서 자신하기

문화비평웹진 《크리틱-칼》에 게재되었다. 2020년 8월 27일 '작
가이면서 인플루언서이기'라는 제목의 《한편》 2호 '인플
루언서' 출간 기념 온라인 세미나를 위해 준비한 메모들
을 글로 정리한 것이다. 음악 웹진 《온음》에 실린 양소하
의 인터뷰 '무너지는 아카이브' 중 「욕심으로서의 비평」
에서 드러난 많은 생각은 이 글을 정리하면서 떠오른 것
들이기도 하다.

뭔가 배 속에서 부글거리는 기분

2020년 10월 30일 대구 오오극장의 '영화로 글쓰기 특집 연속
강연을 위해 준비했던 원고를 수정 보완했다.

(이전) 같지 않으리
2020년 부산일보 신춘문예 평론 부문에 당선된 글을 수정 보
완했다.

수상쩍은 발명품의 매력
'쏜살문고' 다니자키 준이치로 선집에 부치는 글로 『쏜살같이:
더불어 읽자는 제안의 화살』(2021)에 실렸다.

애매한 어둠 속에서 살며
《자음과모음》 2020년 여름호 '크리티카: 퀴어와 퀴어'에 실렸
던 글을 수정 보완했다.

정당화하는 관점
2022년 4월 16일 영상비평지 《마테리알》의 '오픈 스페이스: 영
화를 가르는 패스'에서 발표한 원고를 수정 보완했다.

모가디슈와 분단의 짐
광주트라우마센터 계간지 《그라지라》 2021년 가을호(제17호)
기획 '영화 「모가디슈」를 중심으로 보는 '국가폭력'에 실
린 글을 수정 보완했다.

아직도 굳이 「무한도전」을 논할 필요가 있다면
《마테리알》 3호(2020년 8월)에 실린 글을 수정 보완했다.

이것은 영화(가 아니)다?
《마테리알》 5호(2021년 6월) '시리즈의 감각'에 실린 글을 수정
보완했다.

너무 접촉하거나 너무 떨어지거나, 혹은……
OTT 비평지《비올》창간호(2021년 12월) '왕국의 주변을 돌며:
  킹덤'에 실린 글을 수정 보완했다.

만화라는 이상한 관계
비평공유플랫폼《콜리그》에「필연적인 관계의 지도:「인문학적
  감수성」에서 시작하는 사고 실험」이라는 제목으로 실었
  던 글을 수정 보완했다.

뭔가 배 속에서
부글거리는 기분
동시대 문화 탐구

1판 1쇄 펴냄 2022년 6월 10일
1판 2쇄 펴냄 2022년 12월 1일

지은이 윤아랑
발행인 박근섭, 박상준
펴낸곳 ㈜민음사

출판등록 1966. 5. 19. (제 16-490호)
서울특별시 강남구 도산대로1길 62(신사동)
강남출판문화센터 5층(우편번호 06027)
대표전화 02-515-2000
팩시밀리 02-515-2007
www.minumsa.com

ⓒ 윤아랑, 2022. Printed in Seoul, Korea

978-89-374-9203-7 04300
978-89-374-9200-6 세트